suhrkamp taschenbuch
wissenschaft 624

Unter den frühgriechischen philosophischen Texten hat der des Parmenides die nachhaltigste Wirkung auf die folgende Geschichte des griechischen und abendländischen Denkens gehabt. Er ist zugleich der einzige, der trotz seiner fragmentarischen Überlieferung den Gedankengang noch deutlich erkennen läßt. Parmenides hat nur diese eine kurze Schrift geschrieben, und auch sie ist im Altertum wenig gelesen, noch seltener abgeschrieben oder zitiert worden. Die geringe Verbreitung steht im Gegensatz zu der außerordentlichen Wirkung seines Gedankens. Was von Sokrates gesagt wird: daß von ihm alle späteren philosophischen Schulen bestimmt sind, das gilt mindestens ebenso von Parmenides. Daß das Seiende *ist* und nicht *nicht sein* kann: diesem Satz haben sich alle Folgenden so wenig entziehen können, daß er die griechische Philosophie, ja das rationale Denken der Menschheit in ein vor- und ein nachparmenideisches Zeitalter scheidet. Von Parmenides führt eine Linie zu der naturphilosophischen Konzeption unveränderlicher Stoffe, seien sie als Elemente oder Atome gedacht, und beeinflußt so die im 19. Jahrhundert formulierten physikalischen Erhaltungssätze. Die andere Linie führt über die eleatische Schule und die frühsophistische Erkenntniskritik zur logischen Ontologie Platons. Seither ist der Satz des Parmenides in der Form des Satzes vom Widerspruch die Grundlage der Logik und aller wissenschaftlichen Erkenntnis.

Uvo Hölscher, geboren 1914, ist Professor für Klassische Philologie an der Universität München; 1939 erschienen seine *Untersuchungen zur Form der Odyssee*; 1960 bis 1986 weitere Arbeiten zu Homer; 1965 *Die Chance des Unbehagens, Zur Situation der klassischen Studien*; 1968 *Anfängliches Fragen, Studien zur frühen griechischen Philosophie*.

Parmenides
Vom Wesen des Seienden

Die Fragmente
griechisch und deutsch
Herausgegeben, übersetzt und erläutert
von Uvo Hölscher
Mit einem Nachwort 1986

Suhrkamp

Die erste Ausgabe dieses Buches erschien 1969 in der Reihe ›Theorie‹ Für die Taschenbuchausgabe hat der Herausgeber den Text erneut durchgesehen. Neufassung von Übersetzungen finden sich am Fuß der betreffenden Seiten in eckigen Klammern. Ein ›Nachwort 1986‹ beginnt auf Seite 125.

Bibliografische Information der Deutschen Nationalbibliothek
Die Deutsche Nationalbibliothek verzeichnet diese Publikation
in der Deutschen Nationalbibliografie;
detaillierte bibliografische Daten sind im Internet über
http://dnb.d-nb.de abrufbar.

suhrkamp taschenbuch wissenschaft 624
Erste Auflage 1986

Druck: Books on Demand, Norderstedt
Printed in Germany
Umschlag nach Entwürfen von
Willy Fleckhaus und Rolf Staudt
ISBN 978-3-518-28224-3

2 3 4 5 6 7 – 12 11 10 09 08 07

Inhalt

Vorwort

Unter den frühgriechischen philosophischen Texten hat der des Parmenides die nachhaltigste Wirkung auf die folgende Geschichte des griechischen und des abendländischen Denkens gehabt. Er ist zugleich der einzige, der trotz seiner fragmentarischen Überlieferung den Gedankengang noch deutlich erkennen läßt. Für seine zweite Hälfte müssen zum Teil antike Zeugnisse den originalen Text ersetzen: sie sind hier nur so weit aufgenommen, als sie bestimmte Inhalte des Parmenideischen Gedichts referieren, die in Fragmenten nicht belegt sind, während alle Interpretationen weggelassen wurden. Das vollständigere Material findet man in den Fragmenten der Vorsokratiker von Diels, deren Numerierung hier übernommen ist, auch wo in einigen Fällen die Reihenfolge verändert wurde.

In dieser Frühzeit des Denkens hängt der Gedanke noch so sehr am Wort, daß eine Übersetzung nicht bestehen kann ohne den griechischen Text, der sie beglaubigt. Aber auch das Deutsche allein sollte dem Leser möglichst die volle Sicherheit des Wortlauts geben, die der griechische Text gewährt. Die Übersetzung ist darum eine möglichst grammatische und wörtliche. Aber die Wörtlichkeit sollte nicht das Dunkle und Unentschiedene des griechischen Ausdrucks nur auf deutsch wiederholen, sondern das Gemeinte entschieden ausdrücken. Hierbei ist gelegentlich auch gegen den nächsten Wortsinn eine Wendung vorgezogen worden, die keinen Zweifel läßt.

Die Übersetzung ist also schon Interpretation. Trotzdem brauchte der Text, wegen der großen Entfernung seiner Denkweise und wegen seines bruchstückhaften Zustands, eine eigene Erläuterung, die den Sinn des Ganzen zu erklären

versucht. Diese sollte den Leser möglichst mit einer Auslegung bekannt machen, die dem gegenwärtigen Stand der philosophischen und philologischen Parmenidesforschung entspräche. Doch sind die Auffassungen nicht nur der Lehre, sondern auch des Textes selber so kontrovers, daß etwas Einheitliches sich daraus nicht herstellen läßt. Der Herausgeber hatte sich zu entscheiden; und zwar nicht nur von Fall zu Fall, sondern für eine entschiedene Konzeption des Ganzen. Damit trotzdem der Leser nicht einer einzelnen Auffassung sich ausgeliefert fühlt, sind nicht nur dem griechischen Text Fußnoten beigefügt, die über umstrittene Varianten der Überlieferung und über Konjekturen Rechenschaft geben, sondern auch der Übersetzung Anmerkungen angehängt, in denen zu zahlreichen Stellen Alternativübersetzungen gebracht werden; beides mit ausgewählten Literaturhinweisen, die den, der sich mit der hier gegebenen auseinandersetzen mag, weiterführen.
Der Kommentar ist dafür von der Auseinandersetzung mit anderen Interpretationen möglichst freigehalten worden. Er verfährt als fortlaufende Erläuterung der Texte und soll einen Begriff von der Absicht des Ganzen vermitteln. Dabei ist, auf dem notwendig beschränkten Standpunkt der philologischen Erklärung, von der höheren und weiteren Interpretierbarkeit der Texte, besonders nach der Seite der philosophiegeschichtlichen Problematik hin, abgesehen und zunächst nur ihr einfaches Verständnis gesucht worden; zugleich aber in der Überzeugung, daß es sich bei den Vorsokratikern zwar um etwas schwer Zugängliches, aber jedenfalls um etwas Einfaches handle.
In dieser Neuauflage sind einzelnen Stellen der Übersetzung Neuformulierungen beigegeben, den Erläuterungen ein Nachwort hinzugefügt. Die Bibliographie wurde um einige neuere Titel ergänzt.

ΠΑΡΜΕΝΙΔΟΥ ΠΕΡΙ ΦΥΣΕΩΣ

Fr. 1 ἵπποι ταί με φέρουσιν, ὅσον τ᾽ ἐπὶ θυμὸς ἱκάνοι,
πέμπον, ἐπεί μ᾽ ἐς ὁδὸν βῆσαν πολύφημον ἄγουσαι
δαίμονος, ἣ κατὰ πάντ᾽ ἄστη φέρει εἰδότα φῶτα·
τῆι φερόμην· τῆι γάρ με πολύφραστοι φέρον ἵπποι
ἅρμα τιταίνουσαι, κοῦραι δ᾽ ὁδὸν ἡγεμόνευον.
ἄξων δ᾽ ἐν χνοίῃσιν ἵει σύριγγος ἀυτήν
αἰθόμενος· δοιοῖς γὰρ ἐπείγετο δινωτοῖσιν
κύκλοις ἀμφοτέρωθεν, ὅτε σπερχοίατο πέμπειν
Ἡλιάδες κοῦραι, προλιποῦσαι δώματα νυκτός,
εἰς φάος, ὠσάμεναι κράτων ἄπο χερσὶ καλύπτρας.
ἔνθα πύλαι νυκτός τε καὶ ἤματός εἰσι κελεύθων,
καί σφας ὑπέρθυρον ἀμφὶς ἔχει καὶ λάινος οὐδός·
αὐταὶ δ᾽ αἰθέριαι πλῆνται μεγάλοισι θυρέτροις·

3 δαίμονος Sext (Verdenius 66): δαίμονες Stein (Wilamowitz 204) πάντ᾽ ἄστη Diels (2) (Fränkel (1)[2] 160): πάντἄτη (πάντα τῆ) Sext (Coxon 69): πάντ᾽ ἀσινῆ Meineke (Jaeger 116)

Vom Wesen des Seienden

Die Stuten, die mich fahren so weit nur mein Wille dringt, Fr. 1

trugen mich voran, da sie mich auf den Kunde-reichen Weg

der Göttin gebracht hatten, der den wissenden Mann durch alle Städte führt.
Darauf fuhr ich: da nämlich fuhren mich die aufmerksamen Stuten,
die den Wagen zogen; und Mädchen lenkten die Fahrt.

Und die Achse in den Naben gab den Kreischton einer Rohrpfeife von sich
vor Hitze, so wurde sie getrieben von den zwei gedrehten

Rädern zu beiden Seiten, wenn schleuniger sich sputeten

die Sonnenmädchen, mich voranzufahren, hinter sich das Haus der Nacht,
dem Lichte zu, und von den Häuptern mit Händen die Schleier aufschlugen.
Da ist das Tor der Straßen von Nacht und Tag,

und ein Türsturz umschließt es und steinerne Schwelle.

Das Tor selber, aus Ätherlicht, ist ausgefüllt von großen Türflügeln.

8 [Besser: auf die ... Bahn des Daimons ..., die ... führt. (Der ›Dämon‹ ist das persönliche Geschick)]

τῶν δὲ Δίκη πολύποινος ἔχει κληῖδας ἀμοιβούς.
τὴν δὴ παρφάμεναι κοῦραι μαλακοῖσι λόγοισιν
πεῖσαν ἐπιφραδέως, ὥς σφιν βαλανωτὸν ὀχῆα
ἀπτερέως ὤσειε πυλέων ἄπο· ταὶ δὲ θυρέτρων
χάσμ' ἀχανὲς ποίησαν ἀναπτάμεναι πολυχάλκους
ἄξονας ἐν σύριγξιν ἀμοιβαδὸν εἰλίξασαι
γόμφοις καὶ περόνῃσιν ἀρηρότε· τῇι ῥα δι' αὐτέων
ἰθὺς ἔχον κοῦραι κατ' ἀμαξιτὸν ἅρμα καὶ ἵππους.
καί με θεὰ πρόφρων ὑπεδέξατο, χεῖρα δὲ χειρί
δεξιτερὴν ἕλεν, ὧδε δ' ἔπος φάτο καί με προσηύδα·
ὦ κοῦρ' ἀθανάτοισι συνάορος ἡνιόχοισιν,
ἵπποις ταί σε φέρουσιν ἱκάνων ἡμέτερον δῶ,
χαῖρ', ἐπεὶ οὔτι σε μοῖρα κακὴ προὔπεμπε νέεσθαι
τήνδ' ὁδόν· ἦ γὰρ ἀπ' ἀνθρώπων ἐκτὸς πάτου ἐστίν·
ἀλλὰ θέμις τε δίκη τε. χρεὼ δέ σε πάντα πυθέσθαι
ἠμὲν ἀληθείης εὐκυκλέος ἀτρεμὲς ἦτορ

29 εὐκυκλέος Simpl (Diels (1) 54): εὐπειθέος Sext Clem Diog Plut (Deichgräber 650, Mourelatos VI): εὐφεγγέος Procl

Zu dem hat Dike, die genau vergeltende, die einlassenden Schlüssel.
Ihr sprachen nun die Mädchen mit sanften Reden zu

und bewogen sie klug, daß sie ihnen den verpflöckten Riegel

gleich vom Tor zurückschöbe. Und das, im Aufspringen,

ließ einen gähnenden Schlund aus den Türflügeln erscheinen, während es seine bronzebeschlagenen
Pfosten, mit Nägeln und Nieten gezimmert, einen nach dem andern in den Pfannen drehte.
Dort denn mitten durch

lenkten die Mädchen, gradaus der Straße nach, Wagen und Pferde.
Und die Göttin empfing mich freundlich, sie ergriff mit ihrer Hand
meine Rechte, redete mich an und sprach diese Worte:

Jüngling, Gefährte unsterblicher Lenkerinnen!

da du mit den Stuten, die dich fahren, zu unserem Hause gelangst,
Heil dir! denn es war kein schlechtes Geschick das dich leitete,
diese Reise zu machen – sie liegt ja wahrlich fernab vom Verkehr der Menschen –
sondern Fug und Recht: Du darfst alles erfahren,

sowohl der runden Wahrheit unerschütterliches Herz

29 [Die Textvariante: der überzeugenden Wahrheit, ist vorzuziehen]

ἠδὲ βροτῶν δόξας, ταῖς οὐκ ἔνι πίστις ἀληθής.
ἀλλ᾽ ἔμπης καὶ ταῦτα μαθήσεαι, ὡς τὰ δοκοῦντα
χρῆν δοκίμως εἶναι διὰ παντὸς πάντα περῶντα.

1–30 SEXTUS VII § 111 ff. 28b–32 SIMPLICIUS de caelo S. 557 28b–30 DIOGENES LAERT. IX § 22 29–30 CLEMENS Strom. V § 59 PLUTARCH adv. Col. 1114

Fr. 5 ξυνὸν δέ μοί ἐστιν,
ὁππόθεν ἄρξωμαι· τόθι γὰρ πάλιν ἵξομαι αὖθις.

PROCLUS Parm. I S. 708

Fr. 2 εἰ δ᾽ ἄγ᾽ ἐγὼν ἐρέω, κόμισαι δὲ σὺ μῦθον ἀκούσας,
αἵπερ ὁδοὶ μοῦναι διζήσιός εἰσι νοῆσαι·
ἡ μὲν ὅπως ἔστιν τε καὶ ὡς οὐκ ἔστι μὴ εἶναι,
πειθοῦς ἐστι κέλευθος· ἀληθείηι γὰρ ὀπηδεῖ·
ἡ δ᾽ ὡς οὐκ ἔστιν τε καὶ ὡς χρεών ἐστι μὴ εἶναι,

1 32 δοκίμως Simpl (Reinhardt 9): δοκιμῶσ(αι) Diels (1) 57 περῶντα Simpl (cod. A) (Reinhardt 27): περ ὄντα Simpl (DEF) (Owen 89)
2 4 ἀληθείηι Bywater: ἀληθείη codd.

wie auch das Dünken der Sterblichen, worin keine wahre Verläßlichkeit ist.
Aber gleichwohl wirst du auch dies verstehen lernen, wie das ihnen Dünkende
gültig sein mußte und alles durchaus durchdringen.

Es ist für mich das Gleiche, Fr. 5

von wo ich anfange; denn dahin kehre ich wieder.

So komm denn, ich will dir sagen – und du nimm die Rede auf, die du hörst – Fr. 2
welche Wege des Suchens allein zu denken sind.

Der eine: daß (etwas) ist, und daß nicht zu sein unmöglich ist,
ist der Weg der Überzeugung, denn die geht mit der Wahrheit.
Der andre: daß (etwas) nicht ist, und daß nicht zu sein richtig ist,

5 [Deutlicher: daß nicht zu sein unausweichlich ist; vgl. Fr. 7.1]

τὴν δή τοι φράζω παναπευθέα ἔμμεν ἀταρπόν·
οὔτε γὰρ ἂν γνοίης τό γε μὴ ἐόν· οὐ γὰρ ἀνυστόν·
οὔτε φράσαις.

Proclus Tim. I S. 345   3–8 Simplicius Phys. S. 116

Fr. 3 . . . τὸ γὰρ αὐτὸ νοεῖν ἐστίν τε καὶ εἶναι.

Clemens Strom. VI § 23, Plotin Enn. V 1,8, Proclus Parm. S. 1152

Fr. 6 χρὴ τὸ λέγειν τε νοεῖν τ' ἐὸν ἔμμεναι· ἔστι γὰρ εἶναι,
μηδὲν δ' οὐκ ἔστιν· τά σ' ἐγὼ φράζεσθαι ἄνωγα.
πρώτης γάρ σ' ἀφ' ὁδοῦ ταύτης διζήσιος ⟨εἴργω⟩,
αὐτὰρ ἔπειτ' ἀπὸ τῆς, ἣν δὴ βροτοὶ εἰδότες οὐδέν
πλάττονται, δίκρανοι· ἀμηχανίη γὰρ ἐν αὐτῶν
στήθεσιν ἰθύνει πλαγκτὸν νόον· οἱ δὲ φοροῦνται

6 3 ⟨εἴργω⟩ ergänzt Diels
5 πλάττονται = πλάζονται Diels (1) 72
6 πλαγκτὸν Fränkel (1) 171[1]: πλακτὸν Simpl (Diels (1) 73)

der, zeige ich dir, ist ein Pfad, von dem keinerlei Kunde kommt.
Denn was eben nicht ist, kannst du wohl weder wahrnehmen – denn das ist unvollziehbar –
noch aufzeigen.

Denn dasselbe kann gedacht werden und sein. Fr. 3

Richtig ist, das zu sagen und zu denken, daß Seiendes ist; denn das *kann* sein; Fr. 6
Nichts *ist nicht:* das, sage ich dir, sollst du dir klarmachen.

Denn das ist der erste Weg des Suchens von dem ich dich abhalte;
sodann aber von dem, worauf ja die Sterblichen, die nichts wissenden,
umherwanken, die doppelköpfigen: denn Ohnmacht lenkt in ihrer
Brust ihren schwankenden Verstand, und sie treiben dahin

1 [D. h.: denn nur Seiendes kann sein; ein Nichts kann nicht sein]

κωφοὶ ὁμῶς τυφλοί τε, τεθηπότες, ἄκριτα φῦλα,
οἷς τὸ πέλειν τε καὶ οὐκ εἶναι ταὐτὸν νενόμισται
κοὐ ταὐτόν, πάντων δὲ παλίντροπός ἐστι κέλευθος.

1–2ª SIMPLICIUS Phys. S. 86, 1ᵇ–9 S. 117, 8–9ª S. 78

Fr. 7 οὐ γὰρ μήποτε τοῦτο δαμῆι εἶναι μὴ ἐόντα·
ἀλλὰ σὺ τῆσδ' ἀφ' ὁδοῦ διζήσιος εἶργε νόημα
μηδέ σ' ἔθος πολύπειρον ὁδὸν κατὰ τήνδε βιάσθω,
νωμᾶν ἄσκοπον ὄμμα καὶ ἠχήεσσαν ἀκουήν
καὶ γλῶσσαν, κρῖναι δὲ λόγωι πολύδηριν ἔλεγχον
Fr. 8 ἐξ ἐμέθεν ῥηθέντα. μόνος δ' ἔτι μῦθος ὁδοῖο
λείπεται ὡς ἔστιν· ταύτηι δ' ἐπὶ σήματ' ἔασι
πολλὰ μάλ', ὡς ἀγένητον ἐὸν καὶ ἀνώλεθρόν ἐστιν,
οὖλον μουνογενές τε καὶ ἀτρεμὲς οὐδ' ἀτέλεστον·

8 4 οὖλον μουνογενές Simpl Philop Clem (Owen 101): ἔστι γὰρ οὐλομελές Plut Procl (Burnet 160[4] Kranz VS)
οὐδ' ἀτέλεστον Brandis: ἠδ' ἀτέλεστον Simpl (Diels (1) 75): ἠδ' ἀγένητον Clem Plut Ps-Plut Philop Procl: ἠδὲ τέλειον Owen 102, ἠδὲ τελεστόν viell. richtig Tarán 94

so taub als blind, blöde, verdutzte Gaffer, unterscheidungslose Haufen,
bei denen Sein und Nichtsein dasselbe gilt

und nicht dasselbe, und es in allen Dingen einen umgekehrten Weg gibt.

Denn dazu werden sich Dinge gewiß niemals zwingen lassen: zu sein, wenn sie nicht sind. Fr. 7
Du aber halte den Gedanken von diesem Weg des Suchens fern,
und laß die Gewohnheit der vielen Erfahrung dich nicht auf diesen Weg nötigen,
das ziellose Auge umherzulenken und das widerhallende Gehör
und die Zunge; sondern beurteile mit dem Denken die hart bestreitende Widerlegung,
die von mir vorgebracht worden ist. So bleibt einzig noch übrig die Rede von dem Weg, Fr. 8
daß (etwas) ist. An ihm sind sehr viele Kennzeichen,

daß Seiendes ungeworden und unvergänglich ist,

ganz und einheitlich, und unerschütterlich und vollendet.

4 [Genauer: und nicht unvollendet. Vgl. Fr. 8.32 u. 42]

οὐδέ ποτ᾽ ἦν οὐδ᾽ ἔσται, ἐπεὶ νῦν ἐστιν ὁμοῦ πᾶν,
ἕν, συνεχές· τίνα γὰρ γένναν διζήσεαι αὐτοῦ;
πῆι πόθεν αὐξηθέν; οὔτ᾽ ἐκ μὴ ἐόντος ἐάσσω
φάσθαι σ᾽ οὐδὲ νοεῖν· οὐ γὰρ φατὸν οὐδὲ νοητόν
ἔστιν ὅπως οὐκ ἔστι. τί δ᾽ ἄν μιν καὶ χρέος ὦρσεν
ὕστερον ἢ πρόσθεν, τοῦ μηδενὸς ἀρξάμενον, φῦν;
οὕτως ἢ πάμπαν πελέναι χρεών ἐστιν ἢ οὐχί.
οὐδέ ποτ᾽ ἐκ δὴ ἐόντος ἐφήσει πίστιος ἰσχύς
γίγνεσθαί τι παρ᾽ αὐτό· τοῦ εἵνεκεν οὔτε γενέσθαι
οὔτ᾽ ὄλλυσθαι ἀνῆκε δίκη χαλάσασα πέδηισιν,
ἀλλ᾽ ἔχει· ἡ δὲ κρίσις περὶ τούτων ἐν τῶιδ᾽ ἐστιν·
ἔστιν ἢ οὐκ ἔστιν· κέκριται δ᾽ οὖν, ὥσπερ ἀνάγκη,
τὴν μὲν ἐᾶν ἀνόητον ἀνώνυμον· οὐ γὰρ ἀληθής
ἔστιν ὁδός· τὴν δ᾽ ὥστε πέλειν καὶ ἐτήτυμον εἶναι.
πῶς δ᾽ ἂν ἔπειτ᾽ ἀπόλοιτο ἐόν; πῶς δ᾽ ἄν κε γένοιτο;

7 οὔτ᾽ Simpl (Reinhardt 40): οὐδ᾽ Kranz VS
12 ἐκ δὴ (ἐκ τοῦ Reinhardt 42): ἐκ μὴ Simpl (Diels (1) 76, Gadamer 63)

Und es war nicht einmal und wird nicht (einmal) sein, da es jetzt zugleich ganz *ist,*
eins und zusammenhängend. Denn welche Erzeugung könntest du für es erfinden?
Wohin, woher gewachsen? Weder: aus Nichtseiendem, werde ich
dich sagen oder denken lassen; denn es ist nicht sagbar noch denkbar,
daß (etwas) nicht ist. Und welches Bedürfnis hätte es auch veranlassen sollen,
später oder früher, aus dem Nichts beginnend, sich zu bilden?
Also muß es entweder ganz und gar sein oder nicht.

Noch auch wird die Gewalt der Gewißheit zulassen, daß jemals aus einem Seienden
irgendetwas über es hinaus *wird* – aus diesem Grunde hat weder zum Werden
noch zum Vergehen die Rechtmäßigkeit es in seinen Fesseln lockernd losgelassen,
sondern hält es fest. Die Entscheidung darüber beruht aber hierin:
Entweder ist es, oder es ist nicht! Aber es ist nun entschieden, wie es Notwendigkeit ist:
daß man den einen Weg liegen lasse als undenkbar, unnennbar, denn es ist nicht der wahre
Weg; daß der andre dagegen, wonach es *ist,* eben der richtige sei.
Wie aber könnte dann Seiendes vergehen? Wie könnte es werden?

17 [Besser: ... als einsichtslos, namenlos, denn es ist kein wahrer Weg. Siehe Nachwort I]

εἰ γὰρ ἔγεντ', οὐκ ἔστ', οὐδ' εἴ ποτε μέλλει ἔσεσθαι.
τὼς γένεσις μὲν ἀπέσβεσται καὶ ἄπυστος ὄλεθρος.
οὐδὲ διαιρετόν ἐστιν, ἐπεὶ πᾶν ἐστιν ὁμοῖον
οὐδέ τι τῆι μᾶλλον, τό κεν εἴργοι μιν συνέχεσθαι,
οὐδέ τι χειρότερον, πᾶν δ' ἔμπλεόν ἐστιν ἐόντος,
τῶι ξυνεχὲς πᾶν ἐστιν· ἐὸν γὰρ ἐόντι πελάζει.
αὐτὰρ ἀκίνητον μεγάλων ἐν πείρασι δεσμῶν
ἔστιν ἄναρχον ἄπαυστον, ἐπεὶ γένεσις καὶ ὄλεθρος
τῆλε μάλ' ἐπλάγχθησαν, ἀπῶσε δὲ πίστις ἀληθής.
ταὐτόν τ' ἐν ταὐτῶι τε μένον καθ' ἑαυτό τε κεῖται
χοὔτως ἔμπεδον αὖθι μενεῖ· κρατερὴ γὰρ ἀνάγκη
πείρατος ἐν δεσμοῖσιν ἔχει, τό μιν ἀμφὶς ἐέργει,
οὕνεκεν οὐκ ἀτελεύτητον τὸ ἐὸν θέμις εἶναι·
ἔστι γὰρ οὐκ ἐπιδεές· μὴ ἐὸν δ' ἂν παντὸς ἐδεῖτο.

28 ἐπλάγχθησαν Simpl 39,79 (Fränkel (1)[1] 171): ἐπλάχθησαν 145 (Diels (1) 73)
29 τε μένον Simpl (Diels (1) 83): μίμνει Procl (Fränkel (1)[2] 191)
30 μενεῖ Fränkel (1)[2] 191: μένει Simpl (Kranz (2) Calogero 62)
33 ἐπιδεές· μὴ ἐὸν Simpl (DEF) (Fränkel (1)[2] 192): ἐπιδευές· [μὴ tilgt Bergk] ἐὸν Simpl (cod. Ea) (Diels (1) 84)

Wenn es nämlich wurde, *ist* es nicht; auch nicht, wenn es zukünftig einmal sein wird.
So ist Werden ausgelöscht und verschollen der Untergang.

Auch geteilt ist es nicht, da es als ganzes gleichmäßig *ist*

und nicht an einer Stelle irgend etwas mehr, was es hindern würde zusammenzuhängen,
noch irgendetwas weniger, sondern im ganzen voll ist von Seiendem,
Darum *ist* es als ganzes zusammenhängend: Seiendes stößt an Seiendes.
Und unbeweglich in den Grenzen mächtiger Fesseln

ist es anfanglos, endelos, da Werden und Vergehen

in weite Ferne verschlagen sind: verstoßen hat sie die wahre Gewißheit.
Als ein Selbiges, und im Selbigen verharrend, ruht es in sich

und wird so fest auf der Stelle verharren. Denn die mächtige Notwendigkeit
hält es in den Fesseln der Grenze, die es ringsum einschließt,

weil nach Fug das Seiende nicht unvollendet ist,

denn es leidet keinen Mangel. Wäre es nicht so, würde es ihm an allem mangeln.

25 [Besser: Durch das es ein zusammenhängendes Ganzes ist: denn ...]

ταὐτὸν δ' ἐστὶ νοεῖν τε καὶ οὕνεκέν ἐστι νόημα.
οὐ γὰρ ἄνευ τοῦ ἐόντος, ἐν ᾧι πεφατισμένον ἐστίν,
εὑρήσεις τὸ νοεῖν· οὐδὲν γὰρ ⟨ἢ⟩ ἔστιν ἢ ἔσται
ἄλλο πάρεξ τοῦ ἐόντος, ἐπεὶ τό γε μοῖρ' ἐπέδησεν
οὖλον ἀκίνητόν τ' ἔμεναι· τῶι πάντ' ὀνόμασται,
ὅσσα βροτοὶ κατέθεντο πεποιθότες εἶναι ἀληθῆ
γίγνεσθαί τε καὶ ὄλλυσθαι εἶναί τε καὶ οὐχί
καὶ τόπον ἀλλάσσειν διά τε χρόα φανὸν ἀμείβειν.
αὐτὰρ ἐπεὶ πεῖρας πύματον, τετελεσμένον ἐστί
πάντοθεν εὐκύκλου σφαίρης ἐναλίγκιον ὄγκωι,
μεσσόθεν ἰσοπαλὲς πάντηι· τὸ γὰρ οὔτε τι μεῖζον
οὔτε τι βαιότερον πελέναι χρεόν ἐστι τῆι ἢ τῆι.
οὔτε γὰρ οὐκ ἐόν ἐστι, τό κεν παύοι μιν ἱκνεῖσθαι
εἰς ὁμόν, οὔτ' ἐόν ἐστιν ὅπως εἴη κεν ἐόντος
τῆι μᾶλλον τῆι δ' ἧσσον, ἐπεὶ πᾶν ἐστιν ἄσυλον·

38 ὀνόμασται Simpl 86 (Cod. E), 145 (Woodbury 148, Mourelatos VII): ὄνομ(α) ἔσται 86 (DF) (Diels (1) 86): οἷον ἀκίνητον τελέθει τῷ παντὶ ὄνομ' εἶναι verdorben Plato

Das Selbige aber ist zu erkennen, und zugleich der Grund, weshalb eine Erkenntnis seiend ist.
Denn nicht ohne das Seiende, worin eine Aussage ihr Sein hat,
wirst du das Erkennen finden. Denn nichts anderes ist noch wird sein
außer dem Seienden, weil eben dies das Schicksal gebunden hat,
ganz und unbeweglich zu *sein.* Dem ist all das zugesprochen,
was die Sterblichen gesetzt haben, in der Überzeugung daß es wahr sei:
zu werden und zu vergehen, zu sein und nicht zu sein

und den Ort zu wechseln und die lichte Farbe zu verändern.

Weil aber nun eine Grenze zuäußerst ist, ist es vollkommen
von allen Seiten her, gleich der Masse eines wohlgerundeten Balles,
von der Mitte aus nach allen Seiten hin gleich sich schwingend. Denn als solches kann es weder,
hier oder dort, irgend etwas stärker noch irgend etwas geringer sein.
Denn weder ist Nichtseiendes, das es verhindern würde zur Einheit zu kommen,
noch ist Seiendes von der Art, daß es gegenüber Seiendem

da mehr, dort weniger seiend wäre, weil es ganz unverletzlich ist.

38 [Besser: ... all das zubenannt, was ..., überzeugt daß es wahr sei und werde und vergehe, sei und nicht sei und ... etc. Siehe Nachwort III]

οἶ γὰρ πάντοθεν ἶσον, ὁμῶς ἐν πείρασι κύρει.
ἐν τῶι σοι παύω πιστὸν λόγον ἠδὲ νόημα
ἀμφὶς ἀληθείης· δόξας δ' ἀπὸ τοῦδε βροτείας
μάνθανε κόσμον ἐμῶν ἐπέων ἀπατηλὸν ἀκούων.
μορφὰς γὰρ κατέθεντο δύο γνώμας ὀνομάζειν,
τῶν μίαν οὐ χρεών ἐστιν· ἐν ὧι πεπλανημένοι εἰσίν.
τἀντία δ' ἐκρίναντο δέμας καὶ σήματ' ἔθεντο
χωρὶς ἀπ' ἀλλήλων, τῆι μὲν φλογὸς αἰθέριον πῦρ,
ἤπιον ὄν, μέγ' ἐλαφρόν, ἑωυτῶι πάντοσε τωὐτόν,
τῶι δ' ἑτέρωι μὴ τωὐτόν· ἀτὰρ κἀκεῖνο κατ' αὐτό
τἀντία νύκτ' ἀδαῆ, πυκινὸν δέμας ἐμβριθές τε.
τόν σοι ἐγὼ διάκοσμον ἐοικότα πάντα φατίζω,
ὡς οὐ μή ποτέ τίς σε βροτῶν γνώμη παρελάσσηι.

7.1 Aristoteles Metaph. XIV 2, 1089a2 1–2 Plato Soph. 237a, Simplicius Phys. S. 135 u. 143 7.2–8.2a Sextus VII § 111 u. 114, (Forts. S. 28)

53 [γνώμας: γνώμαις Simpl. var. l.]

57 μέγ' [ἀραιὸν tilgt Diels] ἐλαφρόν Simpl 30, 38; [ἤπιον ὄν?]

Denn mit sich selbst von allen Seiten her gleich, ist es gleichmäßig in seinen Grenzen seiend.
Hier beendige ich dir die zuverlässige Überlegung und das Denken
um die Wahrheit. Sterbliches Wähnen lerne von hier an verstehen,
wenn du das trügerische Gefüge meiner Worte hörst.

Zwei Erscheinungsformen nämlich haben sie entschieden zu nennen,
von denen eine allein (zu nennen) nicht angeht. Hier sind sie auf dem Irrweg.
Und sie haben ihre Gestalt nach entgegengesetzten Richtungen geschieden und ihre Erkennungszeichen
von einander getrennt gesetzt: hierhin das ätherische Feuer der Flamme,
als das milde, ganz leichte, sich selber überall gleiche,

dem anderen ungleiche; aber auch jene (andere) für sich

auf die entgegengesetzte Seite, die unbewußte Nacht, als dichte, schwere Gestalt.
Diese ganz und gar passend erscheinende Welteinrichtung verkündige ich dir,
so wird gewißlich niemals irgendeine Ansicht von Sterblichen dich überholen.

53 [Möglicherweise, nach der Textvariante: Zwei Formen (der Dinge) nämlich haben sie mit ihren Urteilen angesetzt zu benennen]

57 [das milde: vermutlich korrupt, vgl. 10.2 f.]

8.1^{b}–52 Simpl. Phys. S. 145/6 1^{b}–14 Phys. S. 78 1^{b}–3 Phys. S. 142 3–4 Clemens Strom. V § 112 3^{b}–5 Simpl. Phys. S. 30 4 Plutarch adv. Col. 1114c, Proclus Parm. S. 1152, Ps.-Plutarch Strom. 5, Philopon. Phys. S. 65 5 Simpl. Phys. S. 143 6^{b}–9^{a} de caelo S. 137 6^{b}–10 Phys. S. 162 21 de caelo S. 559 22 Phys. 86 u. 143 25 Phys. S. 86 u. 87 26–28 Phys. S. 39 u. 79 29 Phys. S. 143 29–30^{a} Proclus Parm. S. 1152 29–33 Simpl. Phys. S. 30 30–33 Phys. S. 40 34–36^{a} Phys. S. 87 u. 143 36^{b}–38 Phys. S. 86 u. 146 38 Phys. S. 143, Plato Theaet. 180d 43 Simpl. Phys. S. 143 43–45 Plato Soph. 244e 50–59 Simpl. Phys. S. 30 50–61 Phys. S. 38 53–59 Phys. S. 180

Fr. 10 εἴσῃ δ' αἰθερίαν τε φύσιν τά τ' ἐν αἰθέρι πάντα
σήματα καὶ καθαρᾶς εὐαγέος ἠελίοιο
λαμπάδος ἔργ' ἀίδηλα καὶ ὁππόθεν ἐξεγένοντο·
ἔργα τε κύκλωπος πεύσῃ περίφοιτα σελήνης
καὶ φύσιν, εἰδήσεις δὲ καὶ οὐρανὸν ἀμφὶς ἔχοντα
ἔνθεν ἔφυ τε καὶ ὥς μιν ἄγουσ' ἐπέδησεν ἀνάγκη
πείρατ' ἔχειν ἄστρων.

Clemens Strom. V § 138

10 6 ἔνθεν [μὲν γὰρ tilgt Sylburg] ἔφυ Clem

Kennen sollst du die Ätherbildung und alle die Zeichen im Äther Fr. 10
und des reinen hell leuchtenden Sonnenstrahls

nicht anzuschauende Tätigkeit, und woraus sie entstanden sind.
Erfahren sollst du die Umlauftätigkeit des rundäugigen Mondes
und seine Bildung. Und wissen sollst du auch, woraus der rings umgebende Himmel
sich gebildet und wie Notwendigkeit ihn führt und in Bande geschlagen hat,
daß er die Grenzen der Gestirne halte.

2 [Genauer: der reinen Strahlsonnen-Fackel]

Simpl. Παρμενίδης δὲ περὶ τῶν αἰσθητῶν ἄρξασθαί φησι λέγειν·

Fr. 11 πῶς γαῖα καὶ ἥλιος ἠδὲ σελήνη
αἰθήρ τε ξυνὸς γάλα τ' οὐράνιον καὶ ὄλυμπος
ἔσχατος ἠδ' ἄστρων θερμὸν μένος ὡρμήθησαν
γίγνεσθαι.

καὶ τῶν γινομένων καὶ φθειρομένων μέχρι τῶν μορίων τῶν ζώιων τὴν γένεσιν παραδίδωσι.

Simplicius de caelo S. 559

Simpl. καὶ μετ' ὀλίγα πάλιν·

Fr. 9 αὐτὰρ ἐπειδὴ πάντα φάος καὶ νὺξ ὀνόμασται
καὶ τὰ κατὰ σφετέρας δυνάμεις ἐπὶ τοῖσί τε καὶ τοῖς,
πᾶν πλέον ἐστὶν ὁμοῦ φάεος καὶ νυκτὸς ἀφάντου
ἴσων ἀμφοτέρων, ἐπεὶ οὐδετέρωι μέτα μηδέν.

Simplicius Phys. S. 180

(SIMPLICIUS:) Hinsichtlich der sinnlichen Welt sagt Parmenides, er beginne damit zu erklären,

wie Erde, Sonne und Mond, Fr. 11

der gemeinsame Äther und die himmlische Milchstraße und
zuäußerst der Olympos
und die heiße Gewalt der Gestirne in Gang gesetzt wurden

zu entstehen,

und lehrt die Entstehung des dem Werden und Vergehen Unterworfenen bis hin zu den Einzelteilen der Lebewesen.

(SIMPLICIUS:) Und wenig später (nach Fr. 8.59) noch einmal (von den zwei Elementen):

Aber nachdem nun alles Licht und Nacht benannt ist Fr. 9

oder mit den ihren Kräften entsprechenden Namen, jeweils
für die verschiedenen Dinge,
so ist das Ganze voll von Licht zusammen und unsichtbarer
Nacht,
beiden gleichstarken, da bei keinem der beiden ein Nichts
ist.

Scholion zu Fr. 8.59 Simpl. Phys. 31, 3 καὶ δὴ καὶ καταλογάδην μεταξὺ τῶν ἐπῶν ἐμφέρεταί τι ῥησείδιον ὡς αὐτοῦ Παρμενίδου ἔχον οὕτως· ἐπὶ τῶιδέ ἐστι τὸ ἀραιὸν καὶ τὸ θερμὸν καὶ τὸ φάος καὶ τὸ μαλθακὸν καὶ τὸ κοῦφον, ἐπὶ δὲ τῶι πυκνῶι ὠνόμασται τὸ ψυχρὸν καὶ τὸ ζόφος καὶ σκληρὸν καὶ βαρύ· ταῦτα γὰρ ἀπεκρίθη ἑκατέρωσ' ἑκάτερα.*

Test. 37 Aëtius II 7, 1 Παρμενίδης στεφάνας εἶναι περιπεπλεγμένας, ἐπαλλήλους, τὴν μὲν ἐκ τοῦ ἀραιοῦ, τὴν δὲ ἐκ τοῦ πυκνοῦ· μικτὰς δὲ ἄλλας ἐκ φωτὸς καὶ σκότους μεταξὺ τούτων. καὶ τὸ περιέχον δὲ πάσας τείχους δίκην στερεὸν ὑπάρχειν, ὑφ' ὧι πυρώδης στεφάνη, καὶ τὸ μεσαίτατον πασῶν στερεόν, περὶ ὃ πάλιν πυρώδης. τῶν δὲ συμμιγῶν τὴν μεσαιτάτην ἁπάσαις ⟨ἀρχήν⟩ τε καὶ ⟨αἰτίαν⟩ κινήσεως καὶ γενέσεως ὑπάρχειν, ἥντινα καὶ δαίμονα κυβερνῆτιν καὶ κληροῦχον** ἐπονομάζει Δίκην τε καὶ Ἀνάγκην. καὶ τῆς μὲν γῆς ἀπόκρισιν εἶναι τὸν ἀέρα διὰ τὴν βιαιοτέραν αὐτῆς ἐξατμισθέντα πίλησιν, τοῦ δὲ πυρὸς ἀναπνοὴν τὸν ἥλιον καὶ τὸν γαλαξίαν κύκλον. συμμιγῆ δ' ἐξ ἀμφοῖν εἶναι τὴν σελήνην, τοῦ τ' ἀέρος καὶ τοῦ πυρός. περιστάντος δ' ἀνωτάτω πάντων τοῦ αἰθέρος ὑπ' αὐτῶι τὸ πυρῶδες ὑποταγῆναι τοῦθ' ὅπερ κεκλήκαμεν οὐρανόν, ὑφ' ὧι ἤδη τὰ περίγεια.

Cicero de nat. deor. I 11, 28 *nam Parmenides quidem commenticium quiddam coronae simile efficit – stephanen appellat – continentem ardorem*** lucis orbem qui cingit caelum.*

Schol. * ἑκατέρωσ' Fränkel (2) 184: ἑκατέρως Simpl
T. 37 ** (Aët.) κληροῦχον: κληιδοῦχον Diels-Kranz
T. 37 *** (Cic.) ardorem codd.: ardorum cod. B vor d. Korr.: ardorum ⟨et erg. Plasberg⟩ Diels-Kranz

(SIMPLICIUS:) Auch findet sich (in der Parmenides-Handschrift des Simplicius nach Fr. 8.59) zwischen den Versen eingeschoben eine Bemerkung in Prosa, gleichsam wie von Parmenides selber, die folgendermaßen lautet:
Auf seiten des ersteren (des Feuers) ist das Dünne, das Heiße, das *Licht*, das *Weiche* und das Leichte; während das Dichte als Kälte und *Dunkel*, als hart und schwer benannt worden ist. Denn diese Qualitäten haben sich je nach den beiden Richtungen geschieden.

(AËTIUS:) Parmenides lehrt, es seien Ringe einer um den anderen herumgelegt, einer aus dem Dünnen, einer aus dem Dichten, und andre, aus Licht und Dunkel gemischte, zwischen diesen. Das alle Umschließende aber sei fest wie eine Mauer, und darunter liege ein Feuerring; fest sei auch die innerste Mitte von allen, um welche herum gleichfalls ein Feuerring liege. Und von den gemischten sei der mittelste für alle übrigen Anfang und Ursache der Bewegung und des Werdens: welche er auch Göttin Lenkerin und Herrin der Lose nennt, auch Dike und Ananke (Recht und Notwendigkeit). – Eine Abscheidung der Erde sei die Luft, die durch deren kräftigere Pressung herausgeblasen wurde; dagegen eine Aufdünstung des Feuers seien die Sonne und die Milchstraße. Gemischt aus beiden, Feuer und Luft, sei der Mond. Zu alleroberst liege im Kreise herum der Äther, und unter ihm angeordnet das Feurige, das wir Himmel nennen; darunter schließlich der irdische Bereich. Test. 37

(CICERO:) Parmenides denkt sich etwas aus, das wie ein Kranz ist – »stephane« nennt er es –: einen Kreis von Lichtglut, der den Himmel umgibt ...

Simplicius μετ' ὀλίγα δὲ πάλιν περὶ τῶν δυεῖν στοιχείων εἰπὼν ἐπάγει καὶ τὸ ποιητικὸν λέγων οὕτως·

Fr. 12 αἱ γὰρ στεινότεραι πλῆντο πυρὸς ἀκρήτοιο,

αἱ δ' ἐπὶ ταῖς νυκτός, μετὰ δὲ φλογὸς ἵεται αἶσα·

ἐν δὲ μέσωι τούτων δαίμων ἣ πάντα κυβερνᾶι·

πάντηι γὰρ στυγεροῖο τόκου καὶ μίξιος ἄρχει

πέμπουσ' ἄρσενι θῆλυ μιγῆν τό τ' ἐναντίον αὖτις

ἄρρεν θηλυτέρωι.

1–3 Simpl. Phys. 39, 2–6 Phys. S. 31

Simplicius ταύτην καὶ θεῶν αἰτίαν εἶναί φησι λέγων

Fr. 13 πρώτιστον μὲν Ἔρωτα θεῶν μητίσατο πάντων

καὶ τὰς ψυχὰς πέμπειν ποτὲ μὲν ἐκ τοῦ ἐμφανοῦς εἰς τὸ ἀειδές, ποτὲ δὲ ἀνάπαλίν φησιν.

Simpl. Phys. 39

12 1 πλῆντο Bergk (Diels (1) 106): παηντο (πυηντο) Simpl: πλῆνται nach Bergk Fränkel (1)² 183²
4 πάντη γὰρ Fränkel (1)² 185⁴: πάντα γὰρ ⟨ἣ erg. Diels (1) 108⟩ Simpl

(SIMPLICIUS:) Wenig später (nach dem Schluß von Fr. 8), nachdem er noch einmal über die zwei Elemente gesprochen hat (s. Fr. 9), fährt er fort und nennt auch die bewegende Ursache:

Denn die engeren (Ringe) füllten sich mit ungemischtem Feuer, Fr. 12
die folgenden mit Nacht, doch hinein schießt ein Teil Flamme.
Inmitten von diesen aber ist die Göttin die alles lenkt:

Denn allenthalben führt sie die abscheuliche Geburt und Mischung herbei,
indem sie zum Männlichen das Weibliche schickt, daß es sich mische,
und umgekehrt zum Weiblichen das Männliche.

(SIMPLICIUS:) Diese Gottheit bezeichnet Parmenides auch als Ursprung der Götter, wenn er sagt:

Als ersten von allen Göttern ersann sie Eros . . . Fr. 13

Sie auch, sagt er, sende die Seelen einmal aus dem Sichtbaren ins Unsichtbare, dann wieder den umgekehrten Weg.

8 [Besser: die Dämonin (wie der ›Daimon‹ auf Leben und Schicksal bezogen)]

Test. 37 CICERO de nat. deor. I 11, 28 *multaque eiusdem monstra, quippe qui Bellum, qui Discordiam, qui Cupiditatem ceteraque generis eiusdem ad deum revocat, quae vel morbo vel somno vel oblivione vel vetustate delentur.*

Test. zu Fr. 10 PLUTARCH adv. Col. 1114b ὅς γε καὶ διάκοσμον πεποίηται καὶ στοιχεῖα μιγνὺς τὸ λαμπρὸν καὶ σκοτεινὸν ἐκ τούτων τὰ φαινόμενα πάντα καὶ διὰ τούτων ἀποτελεῖ· καὶ γὰρ περὶ γῆς εἴρηκε πολλὰ καὶ περὶ οὐρανοῦ καὶ ἡλίου καὶ σελήνης καὶ γένεσιν ἀνθρώπων ἀφήγηται· καὶ οὐδὲν ἄρρητον ὡς ἀνὴρ ἀρχαῖος ἐν φυσιολογίαι καὶ συνθεὶς γραφὴν ἰδίαν, οὐκ ἀλλοτρίας διαφθοράν, τῶν κυρίων παρῆκεν.

Test. 40a AËTIUS II 15, 4 Παρμενίδης πρῶτον μὲν τάττει τὸν Ἑῷον, τὸν αὐτὸν δὲ νομιζόμενον ὑπ' αὐτοῦ καὶ Ἕσπερον, ἐν τῶι αἰθέρι· μεθ' ὃν τὸν ἥλιον, ὑφ' ὧι τοὺς ἐν τῶι πυρώδει ἀστέρας, ὅπερ οὐρανὸν καλεῖ.

Test. 43a AËTIUS III 1,4 Παρμενίδης τὸ τοῦ πυκνοῦ καὶ τοῦ ἀραιοῦ μῖγμα γαλακτοειδὲς ἀποτελέσαι χρῶμα.

Test. 43 AËTIUS II 20, 8a Παρμενίδης τὸν ἥλιον καὶ τὴν σελήνην ἐκ τοῦ γαλαξίου κύκλου ἀποκριθῆναι, τὸν μὲν ἀπὸ τοῦ ἀραιοτέρου μίγματος ὃ δὴ θερμόν, τὴν δὲ ἀπὸ τοῦ πυκνοτέρου ὅπερ ψυχρόν.

T. 37 (Cic.) eiusdem ⟨modi erg. Heindorf⟩ Diels-Kranz
T. zu 10 [ἀλλοτρίαν διαφορῶν Apelt]

(Cicero:) Noch viele Ungeheuer gibt es bei diesem Mann: wenn er nämlich *Krieg, Zwietracht, Begierde* und andres von gleicher Art, was durch *Krankheit, Schlaf, Vergessen* oder *Alter* vernichtet wird, auf eine Gottheit zurückführt. Test. 37

(Plutarch:) Parmenides hat ja sogar die Weltbildung beschrieben, hat als Elemente das Helle und Dunkle sich mischen und aus ihnen und durch sie alle Erscheinungen hervorgehen lassen. Denn er hat über Erde und Himmel, über Sonne und Mond ausführlich gesprochen, hat die Entstehung der Menschen dargestellt und, soweit es einem Mann der Frühzeit in der Naturwissenschaft, der eine eigene Schrift verfaßte, statt eine fremde auszuplündern, möglich war, keine Hauptfrage unerörtert gelassen. Test. zu Fr. 10

(Aëtius:) Parmenides ordnet zuoberst, im Äther, den Morgenstern an, den er für denselben wie den Abendstern ansieht; nach diesem die Sonne, und unter ihr die Sterne in dem Feurigen, welches er *Himmel* nennt. Test. 40a

(Aëtius:) Parmenides lehrt (von der Milchstraße), daß das Gemisch aus dem Dichten und Dünnen die milchige Farbe ergebe. Test. 43a

(Aëtius:) Parmenides lehrt, daß die Sonne und der Mond aus dem Kreis der Milchstraße sich abgeschieden haben, die Sonne aus der dünneren Mischung, als dem Heißen, der Mond aus der dichteren, als dem Kalten. Test. 43

[(Plutarch) Vorhergeht: Wie sollte der, der das Wahrnehmbare und Vermutbare nicht negierte, Wahrnehmung und Vermutung negiert haben? Unmöglich. – Gegen Ende, statt: auszuplündern, lies: zu zerfetzen] T. zu 10

Fr. 15 αἰεὶ παπταίνουσα πρὸς αὐγὰς ἠελίοιο

Plutarch de fac. lun. 16, 929a

Test. 22 Ps.-Plutarch Strom. 5 λέγει δὲ τὴν γῆν τοῦ πυκνοῦ καταρρυέντος [ἀέρος] γεγονέναι.

Fr. 15a Schol. Basilius Hex. 21b Παρμενίδης ἐν τῆι στιχοποιίαι ὑδατόριζον εἶπεν τῆν γῆν.

Test. 44 Diogenes Laert. VIII § 48 ἀλλὰ μὴν καὶ ... πρῶτον ὀνομάσαι ... τὴν γῆν στρογγύλην, ὡς δὲ Θεόφραστος Παρμενίδην.

Test. 44 Aëtius III 15,7 Παρμενίδης, Δημόκριτος διὰ τὸ πανταχόθεν ἴσον ἀφεστῶσαν μένειν ἐπὶ τῆς ἰσορροπίας οὐκ ἔχουσαν αἰτίαν δι' ἣν δεῦρο μᾶλλον ἢ ἐκεῖσε ῥέψειεν ἄν· διὰ τοῦτο μόνον μὲν κραδαίνεσθαι, μὴ κινεῖσθαι δέ.

Test. 51 Censorinus 4, 7.8 *Empedocles ... tale quiddam confirmat: primo membra singula ex terra quasi praegnate passim edita, deinde coisse et effecisse solidi hominis materiam igni simul et umori permixtam ... haec eadem opinio etiam in Parmenide Veliensi fuit pauculis exceptis ab Empedocle dissensis.*

(Der Mond) immer hinschauend nach den Strahlen der Sonne. Fr. 15

(Unter PLUTARCHS Namen:) Parmenides sagt, die Erde sei durch Herabsinken des Festen entstanden. Test. 22

(SCHOLION zu BASILEIOS:) Parmenides hat, in seiner Versdichtung, von der Erde den Ausdruck »mit Wasserwurzeln« gebraucht. Fr. 15a

(DIOGENES LAERTIUS:) Pythagoras soll auch der erste gewesen sein, der die Erde rund genannt habe; nach Theophrast jedoch Parmenides. Test. 44

(AËTIUS:) Parmenides und Demokrit lehren, daß die Erde durch ihren gleichen Abstand nach allen Seiten in Ruhe verharre, indem es wegen dieses Gleichgewichts keine Ursache gebe, weshalb sie hierhin oder dorthin fallen sollte. Aus diesem Grund bebe sie nur, aber bewege sich nicht von der Stelle. Test. 44

(CENSORINUS:) Empedokles behauptet etwa folgendes: Zuerst habe die – sozusagen schwangere – Erde allenthalben einzelne Glieder hervorgebracht, die sich dann verbunden und den mit Feuer und Wasser gemischten Körper eines vollständigen Menschen gebildet haben. Dieselbe Vorstellung hat auch Parmenides gehabt, mit wenigen Ausnahmen, wo seine Meinungen von Empedokles abweichen. Test. 51

Test. 53 Aëtius V 7, 2 Παρμενίδης ἀντιστρόφως· τὰ μὲν πρὸς ταῖς ἄρκτοις ἄρρενα βλαστῆσαι (τοῦ γὰρ πυκνοῦ μετέχειν πλείονος), τὰ δὲ πρὸς ταῖς μεσημβρίαις θήλεα παρὰ τὴν ἀραιότητα.

Test. 52 Aristoteles de part. anim. B 2. 648 a 25 ἔνιοι γὰρ τὰ ἔνυδρα τῶν πεζῶν θερμότερά φασιν εἶναι, λέγοντες ὡς ἐπανισοῖ τὴν ψυχρότητα τοῦ τόπου ἡ τῆς φύσεως αὐτῶν θερμότης, καὶ τὰ ἄναιμα τῶν ἐναίμων καὶ τὰ θήλεα τῶν ἀρρένων, οἷον Παρμενίδης τὰς γυναῖκας τῶν ἀνδρῶν θερμοτέρας εἶναί φησι καὶ ἕτεροί τινες, ὡς διὰ τὴν θερμότητα καὶ πολυαιμούσαις γινομένων τῶν γυναικείων, Ἐμπεδοκλῆς δὲ τοὐναντίον.

Test. 53 Censorinus 5, 2 *igitur semen unde exeat inter sapientiae professores non constat. Parmenides enim tum ex dextris tum e laevis partibus oriri putavit.*

Test. 53 Aëtius V 7, 4 Ἀναξαγόρας, Παρμενίδης τὰ μὲν ἐκ τῶν δεξιῶν [sc. σπέρματα] καταβάλλεσθαι εἰς τὰ δεξιὰ μέρη τῆς μήτρας, τὰ δ' ἐκ τῶν ἀριστερῶν εἰς τὰ ἀριστερά. εἰ δ' ἐναλλαγείη τὰ τῆς καταβολῆς, γίνεσθαι ⟨ἀρρενο⟩θήλεα.

Galenus τὸ μέντοι ἄρρεν ἐν τῶι δεξιῶι μέρει τῆς μήτρας κυΐσκεσθαι καὶ ἄλλοι τῶν παλαιοτάτων ἀνδρῶν εἰρήκασιν. ὁ μὲν γὰρ Παρμενίδης οὕτως ἔφη·

Fr. 17 δεξιτεροῖσιν μὲν κούρους, λαιοῖσι δὲ κούρας

Galenus Epidem. VI 48

T. 53 ⟨ἀρρενο⟩θήλεα Diels Doxographi Gr. 194

(Aëtius:) Parmenides ist der umgekehrten Meinung (als Empedokles): im Norden seien die männlichen Tiere entstanden, weil sie mehr Festes enthalten, dagegen im Süden, wegen der Lockerheit ihres Stoffes, die weiblichen. Test. 53

(Aristoteles:) Manche meinen nämlich, daß die Wassertiere wärmer als die Landtiere seien, indem sie behaupten, die Kälte ihres Lebensbereichs werde ausgeglichen durch die Wärme ihrer körperlichen Beschaffenheit; ebenso die blutlosen Tiere wärmer als die Bluttiere, und die Weibchen wärmer als die Männchen. So sagt zum Beispiel Parmenides, daß die Frauen wärmer seien als die Männer, und andre ebenso – weil nämlich durch den infolge der Hitze entstehenden Blutdruck bei ihnen die Menstruation eintrete – während Empedokles die umgekehrte Ansicht vertritt. Test. 52

(Censorinus:) Woher der Same kommt, darüber gibt es bei den Gelehrten keine einhellige Meinung. Parmenides meinte, daß er einmal auf der rechten, einmal auf der linken Seite entstünde. Test. 53

(Aëtius:) Nach Anaxagoras und Parmenides tritt ein Same, der von rechts kommt, in den rechten Teil der Gebärmutter, einer von links in den linken. Wenn aber bei der Befruchtung eine Vertauschung stattfinde, dann entstünden Mannweiber. Test. 53

(Galenus:) Daß das Männliche im rechten Teil der Gebärmutter empfangen werde, haben auch andre Männer der ältesten Zeit gesagt. So schrieb Parmenides:

... auf der rechten Seite Knaben, auf der linken Mädchen. Fr. 17

Fr. 18 *femina virque simul Veneris cum germina miscent,*

venis informans diverso ex sanguine virtus

temperiem servans bene condita corpora fingit.

nam si virtutes permixto semine pugnent

nec faciant unam permixto in corpore, dirae

nascentem gemino vexabunt semine sexum.

CAELIUS AURELIANUS Morb. chron. IV 9

Test. 45 MACROBIUS Somn. Scip. I 14, 20 *Parmenides ex terra et igne* (sc. animam esse).
AËTIUS IV 3, 4 Παρμενίδης δὲ καὶ Ἵππασος καὶ Ἡράκλειτος πυρώδη.

Test. 46b TERTULLIAN de anima 45 *somnum ... Empedocles et Parmenides refrigerationem.*

Test. 46a AËTIUS V 30, 4 Παρμενίδης γῆρας γίνεσθαι παρὰ τὴν τοῦ θερμοῦ ὑπόλειψιν.

Test. 46 THEOPHRAST de sensu 1 ff. περὶ δ' αἰσθήσεως αἱ μὲν πολλαὶ καὶ καθόλου δόξαι δύ' εἰσιν· οἱ μὲν γὰρ τῶι ὁμοίωι ποιοῦσιν, οἱ δὲ τῶι ἐναντίωι. Παρμενίδης μὲν καὶ Ἐμπεδοκλῆς καὶ Πλάτων τῶι ὁμοίωι, οἱ δὲ περὶ Ἀναξαγόραν καὶ Ἡράκλειτον τῶι ἐναντίωι ... (3) Παρμενίδης μὲν γὰρ ὅλως οὐδὲν ἀφώρικεν

Wenn ein Mann und ein Weib miteinander ihre Liebeskeime mischen, Fr. 18
dann bildet die formende Kraft in den Adern, sofern sie aus dem verschiedenen Blut
das richtige Maßverhältnis bewahrt, wohlgebaute Körper.

Wenn freilich die Kräfte in dem vermischten Samen streiten

und in dem gemischten Körper keine Einheit bilden,

werden sie unheilvoll das Geschlecht des Neugeborenen durch den zwiefachen Samen entstellen.

(Macrobius:) Nach Parmenides besteht die Seele aus Erde und Feuer. Test. 45
(Aëtius:) Nach Parmenides, Hippasos und Heraklit ist die Seele feuriger Natur.

(Tertullian:) Der Schlaf ist nach Empedokles und Parmenides eine Abkühlung. Test. 46b

(Aëtius:) Nach Parmenides tritt das Alter durch Mangel an Wärme ein. Test. 46a

(Theophrast:) Über die Wahrnehmung gibt es im großen und ganzen zwei Anschauungen. Die einen nehmen an, daß sie durch das Gleiche zustande komme, die andern durch das Entgegengesetzte – Parmenides, Empedokles und Platon durch das Gleiche, die Anhänger des Anaxagoras und Heraklits durch das Test. 46

ἀλλὰ μόνον, ὅτι δυοῖν ὄντοιν στοιχείοιν κατὰ τὸ ὑπερβάλλον ἐστὶν ἡ γνῶσις. ἐὰν γὰρ ὑπεραίρηι τὸ θερμὸν ἢ τὸ ψυχρόν, ἄλλην γίνεσθαι τὴν διάνοιαν, βελτίω δὲ καὶ καθαρωτέραν τὴν διὰ τὸ θερμόν· οὐ μὴν ἀλλὰ καὶ ταύτην δεῖσθαί τινος συμμετρίας·

Fr. 16 ὡς γὰρ ἑκάστοτ᾽ ἔχει κρᾶσιν μελέων πολυπλάγκτων,

τὼς νόος ἀνθρώποισι παρέστηκεν· τὸ γὰρ αὐτό

ἔστιν ὅπερ φρονέει μελέων φύσις ἀνθρώποισιν

καὶ πᾶσιν καὶ παντί· τὸ γὰρ πλέον ἐστὶ νόημα.

auch Aristot. Metaph. Γ 5. 1009 b 21

τὸ γὰρ αἰσθάνεσθαι καὶ τὸ φρονεῖν ὡς ταὐτὸ λέγει· διὸ καὶ τὴν μνήμην καὶ τὴν λήθην ἀπὸ τούτων γίνεσθαι διὰ τῆς κράσεως· ἂν δ᾽ ἰσάζωσι τῆι μίξει, πότερον ἔσται φρονεῖν ἢ οὔ, καὶ τίς ἡ διάθεσις, οὐδὲν ἔτι διώρικεν. ὅτι δὲ καὶ τῶι ἐναντίωι καθ᾽ αὑτὸ ποιεῖ τὴν αἴσθησιν, φανερὸν ἐν οἷς φησι τὸν νεκρὸν φωτὸς μὲν καὶ θερμοῦ καὶ φωνῆς οὐκ αἰσθάνεσθαι διὰ τὴν ἔκλειψιν τοῦ πυρός, ψυχροῦ δὲ καὶ σιωπῆς καὶ τῶν ἐναντίων αἰσθάνεσθαι. καὶ ὅλως δὲ πᾶν τὸ ὂν ἔχειν τινὰ γνῶσιν.

16 1 ἑκάστοτ᾽ Arist (Cod. E[1]J) ἑκάστοτε (φησίν) Theophr (Calogero 45[1], Müller 18[16]): ἕκαστος Arist (E[2]) (Loenen 54, Bollack 66[34]) κρᾶσιν Arist Theophr (Loenen 54, Müller 18[16]): κρᾶσις Calogero 45[1]

2 παρέστηκεν Theophr (Fränkel (2) 175, Snell 157): παρίσταται Arist (Verdenius 9, Bollack 66[34])

Entgegengesetzte ... Über die einzelnen Sinneswahrnehmungen ... hat Parmenides überhaupt nichts Bestimmtes geäußert, sondern lediglich, daß es zwei Elemente gibt und entsprechend dem überwiegenden die Erkenntnis sei. Wenn nämlich das Heiße oder das Kalte überwiege, dann verändere sich das Denken. Besser aber und reiner sei dasjenige vermittels des Heißen; allerdings bedürfe auch dieses eines gewissen Maßverhältnisses. Er sagt:

Denn so wie jeweils die Mischung in den immer schwankenden Körperteilen ist, Fr. 16
so widerfährt den Menschen die Erkenntnis. Denn die Beschaffenheit der Körperteile
ist dasselbe, was sie denkt,

bei allen Menschen und bei jedem. Das Mehrere nämlich ist die Erkenntnis.

„Denken" heißt nämlich für ihn soviel wie „Wahrnehmen". Von diesen (Heiß und Kalt) kommt aber auch Gedächtnis und Vergessen zustande, durch ihre Mischung. Wenn aber die Mischung gleich ist: ob dann Denken stattfinde oder nicht, oder wie dann der Zustand sei, hat er nicht weiter erklärt. Daß er aber auch durch das Gegenteil für sich allein Wahrnehmung geschehen läßt, wird deutlich aus den Versen in denen er sagt, daß der Tote, wegen des Verlusts des Feuers, Licht, Wärme und Stimme nicht wahrnehme, wohl aber ihre Gegensätze: Kälte, Schweigen usw. Überhaupt hat nach ihm jegliches Seiende irgendeine Art von Erkenntnis.

2 [Deutlicher: Denn eben *das* ist es, was die (jeweilige) Beschaffenheit d. Körp. denkt, bei ... jedem: das (jeweils) Mehrere ist ...]

Test. 48 Aëtius IV 13, 9. 10 Ἵππαρχος ἀκτῖνάς φησιν ἀφ' ἑκατέρου τῶν ὀφθαλμῶν ἀποτεινομένας τοῖς πέρασιν αὐτῶν οἱονεὶ χειρῶν ἐπαφαῖς περικαθαπτούσας τοῖς ἐκτὸς σώμασι τὴν ἀντίληψιν αὐτῶν πρὸς τὸ ὁρατικὸν ἀναδιδόναι. ἔνιοι καὶ Πυθαγόραν τῆι δόξηι ταύτηι συνεπιγράφουσιν ἅτε δὴ βεβαιωτὴν τῶν μαθημάτων καὶ πρὸς τούτωι Παρμενίδην ἐμφαίνοντα τοῦτο διὰ τῶν ποιημάτων.

Simplicius παραδοὺς δὲ τὴν τῶν αἰσθητῶν διακόσμησιν ἐπήγαγε πάλιν·

Fr. 19 οὕτω τοι κατὰ δόξαν ἔφυ τάδε καί νυν ἔασι

καὶ μετέπειτ' ἀπὸ τοῦδε τελευτήσουσι τραφέντα·

τοῖς δ' ὄνομ' ἄνθρωποι κατέθεντ' ἐπίσημον ἑκάστωι.

Simplicius de caelo S. 558

Fr. 4 λεῦσσε δ' ὁμῶς ἀπεόντα νόωι παρεόντα βεβαίως·

οὐ γὰρ ἀποτμήξει τὸ ἐὸν τοῦ ἐόντος ἔχεσθαι

οὔτε σκιδνάμενον πάντηι πάντως κατὰ κόσμον

οὔτε συνιστάμενον.

1–4 Clemens Strom. V 15, 1 Theodoret. Graec. aff. I § 72 2 Damascius I S. 67

4 1 ὁμῶς Theod (Cod. BL) (Hölscher 122): ὅμως Theod (MSCV) Clem (Schottlaender)
2 ἀποτμήξει Clem Theod. (-ήσει Damasc) (Reinhardt 49²): ἀποτμήξῃ Diels (1) 64 (Bollack 58)

(AËTIUS:) Hipparchos (?) sagt, daß Strahlen, die von beiden Augen ausgehen, mit ihren Enden die äußeren Körper gleichsam wie mit berührenden Händen anfassen und diese Wahrnehmung an das Sehorgan weitergeben. Manche führen auch Pythagoras für diese Auffassung an, offenbar als Autorität der Lehre, und außer ihm auch Parmenides, der dies in der dichterischen Form zu verstehen gibt. Test. 48

(SIMPLICIUS:) Und nachdem er die Fntstehung und Einrichtung der sinnlichen Welt dargestellt hat, fügt er noch einmal hinzu:

So also sind nach dem Dünken (der Sterblichen) diese Dinge geworden und sind jetzt Fr. 19
und werden so auch von jetzt an in Zukunft enden wie sie wachsen.
Und denen haben die Menschen je einen Namen gegeben, bezeichnend für jedes Ding.

Sondern schau mit dem Geist die entfernten Dinge gleichermaßen als fest gegenwärtige. Fr. 4
Denn er wird nicht das Seiende vom Zusammenhang mit dem Seienden abschneiden,
weder wenn es sich überallhin und gänzlich im Weltgefüge ausbreitet
noch wenn es sich zusammenballt.

2 [Richtiger: ein Seiendes vom Zusammenhang mit Seiendem. Zum Artikel s. S. 80, Anm. 37]

Anmerkungen zur Übersetzung

Die Alternativ-Übersetzungen sind in einigen Fällen nicht wörtlich, sondern sinngemäß zitiert. Die Literaturhinweise (Titel im Register S. 125) weisen nicht immer den Autor der betreffenden Interpretation, sondern, wo es möglich war, eine sie erläuternde Begründung nach. Ausführlichere Diskussion bei Zeller-Nestle, Zeller-Mondolfo, Mansfeld und Tarán.

Zum Titel s. Nachwort S. 68 und 123.

1 *so weit*... Fränkel (1)^2 158, Verdenius 11 A. 2 ‖ zum Haupt- Fr. 1
satz: *zogen mich, soweit*... Diels (1) 46, VS.

2 *kunde-reichen* Fränkel (1)^2 159^4, Verdenius 12 ‖ *vielberühmten* VS, *berühmt machenden* Mansfeld 229.

3 *Weg der Göttin* d. i. der Muse, Fränkel (1)^2 159, Tarán 11 ‖ *des (Sonnen-)Gottes* Guthrie II 7, (δαίμονες) *als mich die Göttinnen*... v. Wilamowitz 204, Kranz VS.

den Weg, der... Tarán 12 ‖ *der Göttin, die*... Mansfeld 228.

durch alle Städte Fränkel (1)^2 160 ‖ *über alle Städte hin* (d. h. am Himmel) Kranz 1159, Deichgräber 652, (ἀσινῆ) *unversehrt* Jaeger 115.

7 *vor Hitze* (glühend) VS ‖ *leuchtend* (vom Sonnenwagen) Guthrie II 8.

gedrehten d. h. gedrechselten ‖ *wirbelnden* VS.

8 *wenn*...: eventual, nicht iterativ, vgl. Od. 13.22, 9.333, 384 ‖ *so oft* Fränkel (1)^2 159.

13 *aus Äther(licht)* ‖ *hoch in der Luft* Burnet 158, Deichgräber 661, vgl. Gigon 246.

14 *einlassenden* Hölscher 185 ‖ *vergeltenden* Fränkel (1)^2 168, *sich hin und herdrehenden* Jaeger 112.

26 *Heil dir* Latacz, Wortfeld ›Freude‹ 50 ‖ *freue dich.*

27 *Verkehr* Kullmann, Hermes 86, 159 ‖ *Pfad* VS.

28 *du darfst* d. h. »du hast ein Recht darauf«.

29 *der runden* VS, Tarán 16 ‖ *der überzeugenden* Deichgräber 650 664.

30f. *das Dünken* d. h. ihre Meinungen, Vorstellungen von den Dingen; ebenso V. 31 *das ihnen Dünkende* d. h. wie die Dinge nach dem Urteil der Menschen sind, *Schein, Vorstellung* Reinhardt 9 ‖ *Lehrmeinungen* Wilamowitz 204, *Annahmen* bzw. *das Angenommene* Fränkel (3) 404, 410, *Anschauungen* bzw. *angenommenen Substanzen* Deichgräber 664 f., *Meinungen* bzw. *das was sich meinen läßt* Mansfeld 217, 161.

31 *verstehen lernen* s. Nachwort S. 76 ‖ *kennen lernen, erfahren. wie:* Modalkonjunktion ‖ prädikativ v. Wilamowitz 204, Kranz 1170, VS.

32 *gültig sein* (*zu Geltung gelangen* Reinhardt 9) ‖ *in probehaltiger Weise* v. Wilamowitz 204, *auf probehafte (!) wahrscheinliche Weise* Kranz 1170, VS, Calogero 31, *in an acceptable way* Verdenius 49 f., *in annehmbarer Weise* Fränkel (2) 410 A. 24, Mansfeld 162, Tarán 212 A. 27, *auf gültige Weise sein* Schwabl 59, *to have genuine existence* Owen 88, *assuredly to exist* Owen 86 f. Guthrie II 9, *gain the semblance of being* Kirk-Raven 267. – Das griechische Wort hat die Bedeutung »gültig, gebilligt, anerkannt, geschätzt, bewährt, berühmt« und wird z. B. von Münzen oder Personen gesagt; also allenfalls »probehaltig« aber nicht »probehaft«, »angenommen« aber nicht »annehmbar«. – Die Konjektur δοκιμῶσαι (»auf die Probe stellen« Diels (1) 58, »annehmen« Diels VS[1]) vertritt noch Untersteiner 127.

mußte (real) Reinhardt 9, Riezler 29, Verdenius 50, Schwabl 59, Fränkel (2) 410, Kirk-Raven, Owen 88, Guthrie II 9, Mansfeld 217, Tarán 213 ‖ *müßte* (potential, d. h. »sollte« oder »dürfte«) Diels (1) 31, 59; *müßte* (irreal, d. h. wenn der Schein wahr wäre) Wilamowitz 204, Kranz VS, Calogero 31, Deichgräber 665.

durchdringt || (πάντα περ ὄντα) *being indeed the whole of things* Owen 88 f.; περῶντα εἶναι periphrastisch für περᾶν Mansfeld 159.

3 *daß (etwas) ist* d. h. von etwas sagen, daß es ist, Owen 95, vgl. Calogero 18 und Nachwort S. 79 || *daß (das Seiende) ist* Diels (1) Reinhardt 35, *daß (das Seiend sein) ist* Riezler 51 Deichgräber 672, *Ist ist* Kranz VS, *reality (= all that exists) is* Verdenius 32, *Truth is* Verdenius Mnemosyne IV 15, 237, *Ist* (subjektlos) Fränkel (3) 403, Tarán 36. Fr. 2

unmöglich ist Calogero 18 || *Nicht-sein nicht ist* Fränkel (3) 403, Kranz VS.

5 *daß (etwas) nicht ist* Calogero 18 || *daß es (das Seiende, resp. Sein etc.) nicht ist* s. o., *daß das Nichtseiende (!) nicht ist* Mansfeld 45, 55, 61.

6 *keine Kunde* ... d. h. auf dem man nichts erfährt, vgl. Odyssee 3.184, Nachwort S. 82 || *unerkundbar* vulgo (vgl. dazu Calogero 17[1]).

7 *was nicht ist* d. h. wenn etwas nicht ist, Calogero 18 || *das Nichtseiende* VS. (Der Artikel dient hier nicht der Substantivierung, sondern der Verallgemeinerung.)

8 *aufzeigen* Mourelatos I A. 27 || *aussprechen.*

Zur Akzentuierung von ἔστιν siehe S. 53 zu Fr. 8.22. Fr. 3

dasselbe kann ... Tarán 41 ff. Hölscher 95 || *dasselbe ist Denken und Sein* Vlastos 168, *(das Seiende) denken und sein ist dasselbe* Diels (1) 33, *es ist dasselbe, zu denken, und (zu sagen) daß das Gedachte ist* Calogero 19, *Erkenntnis und Sein (sc. des Gegenstandes der Erkenntnis) sind dasselbe* v. Fritz (1) 99, *es ist dasselbe, (etwas) zu denken, und deshalb, daß es ist* Mansfeld 68.

1 *das zu sagen* ... *daß* Diels VS[4], Calogero 20 A. 1, dagg. irrig Fränkel (1)[2] 186 A. 0) || *was man sagen und denken kann, muß sein* Burnet 160[1], Hölscher 98, *das Sagen und Denken muß ein Seiendes sein* Diels (1) 35, Verdenius 37, *es ist erforderlich, daß ein Aussagen und Denken dessen was Ist, Ist* Fränkel (3) 404. Fr. 6

kann sein Calogero 20, Mansfeld 90 ‖ *Sein gibt es* Fränkel (3) 404, *Sein ist* Verdenius 37.

2 *nichts ist nicht* d.h. Nichtseiendes, vgl. Kranz VS ‖ *ein Nichts kann nicht sein* Mansfeld 90, vgl. Calogero 20.

8 *dasselbe gilt* s. Nachwort S. 87 ‖ *für dasselbe* Diels (1) 70, *die Sein und Nichtsein, das Selbige und das Nichtselbige angenommen haben* Reinhardt 87[1].

9 *in allen Dingen* ‖ *bei ihnen allen* Mourelatos III A. 7.

Fr. 7 1 *dazu* ... τοῦτο ist Akkusativ, Prolepse des Infinitivs ‖ *es ist unmöglich, daß dies zwingend erwiesen werde* Diels (1) 73 (dagg. Calogero 20 A. 2).

zu sein, wenn ... Tarán 73 ‖ *daß Nichtseiendes ist.*

4 *das ziellose:* zugleich *das nichts erblickende.*

5 *die Zunge* d.h. den Geschmack, vgl. Empedokles (VS 31) Fr. 3.11 ‖ *die Sprache* Mansfeld 43.

Fr. 8 3 *ungeworden und* ... Gadamer (1) 61 f. ‖ *weil ungeboren, deshalb auch* ... VS.

4 *einheitlich:* »von einer Art« ‖ *einzig* Tarán 92: (οὐλομελές) *ganz in seinem Bau.* Kranz VS, Untersteiner 27 ff.

vollkommen Owen 102, Tarán 94 ‖ (ἠδ'ἀτέλεστον) *ohne Ende* Diels (1) 75, *ohne Ziel* Kranz VS.

7 *weder* Reinhardt 40 ‖ (οὐδ') *auch nicht* Kranz VS.

12 *aus einem Seienden* ... Reinhardt 41 ‖ (ἐκ μὴ ἐόντος) *aus Nichtseiendem etwas anderes als Nichtseiendes* ... Zeller I[7] S. 690 A. 3, *aus dem Nichtsein zu dem Seienden hinzutretend* Gadamer (1) 63, (2) 21.

13 *irgend etwas:* kann auch prädikativ verstanden werden, *daß es zu irgend etwas* ... *wird*, vgl. 8.23 und 44.

aus diesem Grunde d.h. um dessentwillen ‖ *daher* Tarán 103.

16 *Entweder* ...: auch als Frage möglich ‖ *Ist, oder ist nicht?* Fränkel (3) 405.

aber ... *nun* s. Denniston, Greek Part. ad l. ‖ *darum* Tarán 85.

18 *wonach* ...: eigentlich *von der Art, daß* ..., s. Calogero 34 A. 2, mit unnötiger Textänderung: vgl. Il. 9.42, Od. 17.21 || *den andern Weg als vorhanden und wahr zu betrachten* (mit wechselnder Bedeutung von ἐᾶν) Diels (1) 80, VS; *daß das andre ist und richtig ist* (nämlich *ist entschieden*, mit abundantem ὥστε) Fränkel (3) 406.

19 *dann* ... *vergehen* Kranz VS || (ἔπειτα πέλοι) *später sein* Tarán 104 – was doch wohl das Futurum erfordern würde, vgl. Fr. 19.2; auch könnte die epische Wendung (Il. 9.437, Od. 1.65) kaum anders verstanden werden als: »Wie könnte dann Seiendes sein?«

22 *geteilt* vgl. Melissos Fr. 10 || *teilbar* s. Nachwort S. 93.

ist im prägnanten Sinn, Owen 92 (»gleichmäßig« muß aber deswegen nicht Adverb sein; s. Mansfeld 100 A. 3). Trotzdem wurde auf die Schreibung ἔστιν hier wie andernorts verzichtet, weil die Akzentuierung nach der Bedeutung erst byzantinisch bezeugt ist: die antike Praxis unterschied nur nach der Wortstellung.

23 setzt den Begründungssatz mit gleichem Subjekt fort, Owen 93 || Interpunktion nach 22 VS.

irgend etwas wahrscheinlich prädikativ wie in 45; sonst Akkusativ der Beziehung || *ein etwas* als Subjekt Riezler 35.

30 *wird verharren* Fränkel (1)^{2} 191, s. Nachwort S. 90 und 94 || *verharrt* Calogero 62 A., v. Fritz (1) 102.

32 *weil* Fränkel (1)^{2} 192 4 || *Darum* von Fritz (2) 238.

nicht unvollendet Fränkel 194 || *nicht (räumlich) unbegrenzt* Zeller^{7} 699.

33 *wäre es nicht so:* Formel für »andernfalls« oder »sonst«; es wird damit die (durch doppelte Negation positive) Aussage des V. 32 hypothetisch negiert. Vgl. Mansfeld 100 || *Nichtseiendem* Fränkel (1)^{2} 192 f.; ([μὴ] ἐὸν) *wäre es das* (gleichfalls im Sinne von »sonst«) Zeller I^{7} 693 A. 2 (Nestle), Burnet 161, Tarán 115.

an allem ... || des »ganz« bedürfen Kranz VS.

34 *das Selbige . . .* Hölscher 99 ff., *der Grund, weshalb* von Fritz (2) 238 || *dasselbe ist Denken und das Ziel des Gedankens* Diels (1) 85, VS, *Erkennen ist identisch mit Erkenntnis des Ist* Fränkel (1)^2 195, Calogero 11.

35 *worin eine Aussage . . .* Hölscher 99 f., vgl. Fränkel (3) 407 || *nicht ohne das Sein, worin das Denken sich ausdrückt* Calogero 11 f., v. Fritz (2) 238, *innerhalb dessen es (das Erkannte) ausgesagt ist* Fränkel (1)^2 195.

38 *dem ist . . . zugesprochen* d. h. *von dem wird all das gesagt . . .* Woodbury 149, Mourelatos VII || (ὄνομ' ἔσται) *darum wird alles bloßer Name sein* Diels (1) 86 f., VS.

42 *vollkommen von allen Seiten her,* Fränkel (1)^2 196 || (mit Interpunktion am Versende) *eines von allen Seiten her runden Balles* Mourelatos V Anm.

44 *gleich sich erstreckend* vgl. Calogero 25 ff. || *gleichgewichtig* Kranz VS, *von ausgeglichener Kraft* Fränkel (1)^2 196.

als solches d. h. als vollkommenes.

45 *irgend etwas:* vermutlich prädikativ || *um einen Betrag* Fränkel (1)^2 196, VS.

49 *ist . . . seiend* s. Tarán 149 || *begegnet es gl. seinen Gr.* Fränkel 197, vgl. Calogero 26 A.

51 *lerne verstehen* s. Nachwort S. 103 || *lerne kennen, erfahre.*

54 *von denen eine allein . . . nicht angeht* Hölscher 107 || *von denen die eine nicht angenommen werden sollte* (nämlich die Nacht als das Nichtseiende) Zeller I^7 703 A. 2; *von denen nur eine (zu benennen) unerlaubt sei* Diels (1) 41, Verdenius 62; *eine Eins davon hätte man nicht ansetzen dürfen* Fränkel (1)^2 180 (d. h. »das ist um eins zu viel« (3) 410); *von denen eine Eine (d. h. eine einheitliche) zu benennen nicht notwendig ist* Schwabl (1) 54, (2) 148; *deren Einheit nicht notwendig ist* Mansfeld 129 f.

59 *unbewußte* d. h. nicht erkennende Fränkel (1)^2 182 || *lichtlose* Kranz VS.

60 *passend erscheinende* Verdenius 50f. || *wie sie erscheint* Diels (1), *wahrscheinlich* v. Wilamowitz 204, Kranz 1170, Tarán 226 A. 59.

1 eigentlich *die ätherische Bildung:* »physis« kann, wie »Bildung«, verbale oder substantiale Bedeutung haben: »Entstehung« oder »Gebilde«. Letzteres muß es in Vers 1 heißen. Das andre scheint in Vers 5 durch Vers 6 gefordert. Der gemeinsame Begriff dürfte in dem »Wesen im Hinblick auf Ursprung und Gewordensein« liegen. Vgl. Fr. 16.3. Fr. 10

2 *und mit den ... Namen* (koordiniert mit φάος καὶ νύξ) ist Prädikativum zu ὀνόμασται || *und diese (Licht und Nacht) ... zugeteilt worden sind* Tarán 161. Fr. 9

3 *das Ganze* Tarán 162 || *jedes* Fränkel (1)^{2} 181 A. 1.

4 *da bei keinem ...* erklärt die Gleichwertigkeit von Licht und Nacht, Mourelatos III Anm. || *denn keines hat Anteil am andern* Diels (1) 41, *denn keinem von beiden gehört nichts an* Fränkel (1)^{2} 181.

Eine Anmerkung zu Fr. 8.56–59 aus unbestimmter älterer Zeit, ursprünglich wohl auf den Rand des Textes geschrieben und in dem Exemplar des Simplicius in den Text selber geraten. Der Kommentar hat einzelne Parmenideische Begriffe durch moderne ersetzt, andre jedoch in der poetischen Sprachform erhalten (hier in Kursive) und ergänzt damit unsre Fragmente aus den verlorenen Teilen. Scholion

Das Werk des Aëtius ist ein von H. Diels (Doxographi Graeci S. 267–444) rekonstruiertes Handbuch der Philosophie, das um 100 v. Chr. entstanden ist und für die älteren Philosophen auf Theophrasts großes Werk »Lehren der Physiker« zurückgeht. Es ist nicht nach Philosophen, sondern nach sachlichen Problemen geordnet. Der Abschnitt über die Ringkonstruktion des Parmenides steht in dem Kapitel »Von der Anordnung des Kosmos«. Siehe Nachwort S. 107. Test. 37

Diels' Textänderung »Herrin der Schlüssel« (das wäre Dike, s. Fr. 1.14) statt »Herrin der Lose« ist unnötig, s. Tarán 248 und

Nachwort S. 114. Überhaupt bleibt die Gleichung der Göttin mit »Dike« und »Ananke« zweifelhaft; so, wie diese Begriffe im verschiedensten Zusammenhang begegnen, ist nicht auszumachen, ob sie überall für Parmenides »Personifikationen« gewesen sind. (Ist Ananke 8.30 »persönlicher« als Pistis 8.28?) Es ist darum hier im allgemeinen darauf verzichtet worden, diese und ähnliche Begriffe (Moira 8.37, Peitho 2.4, Aletheia 1.29, 2.4, 8.51) durch Großschreibung im griechischen Text als Eigennamen zu kennzeichnen.

Cicero, der den Ausdruck für »Ring« bezeugt, läßt einen Epikureer die Gottesvorstellung der übrigen Philosophen kritisieren und dazu ziemlich aufs Geratewohl in ein Handbuch greifen, das dem des Aëtius ähnlich war. Mit jenem äußersten Lichtkreis dürfte der Äther gemeint sein (vgl. Test. 40 a), er ist vielleicht das, was im Fragment 11 der »äußerste Olympos« genannt wird.

Fr. 12 1 *die engeren* – der Komparativ wird verschieden erklärt, je nach den Deutungen des Ring-Systems (s. Nachwort S. 107–110). Es sind deren vor allem drei. Diels (1) 104 f. hielt sich (nicht ohne Textkorrekturen) an Aëtius (Test. 37) und interpretierte nach ihm das Fragment; das System beschriebe danach die gegenwärtige Welteinrichtung. Nach Reinhardt, 13 ff., dagegen hätte es mit dem Weltbilde des Parmenides nichts zu tun, sondern stellte ein Urschema der Gegensätze dar, aus welchem erst, über einen Zwischenzustand chaotischer Mischung, die Welt entstanden wäre. Fränkel schließlich, (1)² 183 ff., eliminiert den Aëtius-Bericht, soweit er das Ring-System schildert, als Paraphrase des 12. Fragments. Dieses versteht er – wie Diels, aber nun ohne die komplizierten Angaben aus Aëtius – als eine von der äußersten Begrenzung her beginnende Darstellung des Kosmos.

füllten sich Diels (1) 106, VS || (πλῆνται) *sind erfüllt* Fränkel (1)² 183 A. 2.

2 *die folgenden:* nach »den engeren« Ringen die weiteren, s. Nachwort S. 110 || nach Fränkel die nach innen folgenden; nach Diels

und Reinhardt die – von Zentrum und Peripherie aus gerechnet – zur Mitte hin anschließenden.

3 *inmitten* – auch der griechische Ausdruck ist zweideutig; »in der Mitte der Ringe« Diels (1) 107 ‖ »zwischen Licht und Nacht«, Reinhardt 12 f. Fränkel (1)[2] 185.

ins Unsichtbare: das griechische Wort ist zugleich der Name des Fr. 13
Hades.

Fortsetzung des Textes von S. 32. Die hier genannten Mächte Test. 37
setzen die Deszendenz der Göttin (Fr. 13) fort. Auch unter den Begriffen der zweiten Hälfte des Satzes verbergen sich offenbar Parmenideische Gottheiten, s. Reinhardt 17.

Daß der Mond von der Sonne erleuchtet wird, scheint eine Ent- Fr. 15
deckung der italischen Wissenschaft zu sein; die übrigen Jonier (Anaximander, Anaximenes, Xenophanes, Heraklit) hatten ihn für selbstleuchtend gehalten. Daher dürfte die Zuschreibung dieser Erkenntnis an Thales (VS 28 Test. 42) ein Irrtum sein.

Wasserwurzeln: vermutlich die Quellen. Empedokles (VS 31) Fr. 15 a
Fr. 54 läßt den Äther »mit langen Wurzeln in die Erde tauchen« ‖ *im Wasser wurzelnd* VS, nach dem Scholiasten, der es auf die für Thales bezeugte Vorstellung der schwimmenden Erde bezieht – welche aber in das Weltbild des Parmenides nicht paßt, s. Nachwort S. 110.

Von der Darstellung des Empedokles (VS 31) sind die Frag- Test. 51
mente 57–62 und Test. 72 erhalten. (Diels' Korrektur im Censorinustext ist unnötig.)

s. Empedokles (VS 31) Test. 81 (Aëtius). Test. 53

s. Empedokles Fr. 65. Test. 52

Mannweiber oder »weibische Männer«: s. Anm. zu Fr. 18. Zur Test. 53
Berichtigung des Textes s. H. Diels, Dox. Gr. 194.

Der Gegensatz von Links und Rechts ist, nach Test. 52, zugleich Fr. 17
der von Heiß und Kalt, und dürfte daher in der Unterscheidung der Herzseite von der herzabgewandten seinen Grund haben.

Fr. 18 Der spätantike Arzt, der das Fragment zitiert hat, bezog den Schluß auf perverse Erotik. Parmenides meinte allenfalls Zwitter; aber sein Schema gab ihm überhaupt die Erklärung ab für entgegengesetzte Geschlechtsmerkmale – physiologischer wie charakterologischer Art – und für die Ähnlichkeiten mit Vätern oder Müttern. Er scheint davon eine detaillierte Theorie entwickelt zu haben.

Test. 46 Aus dem Anfang des Kapitels über die Sinneswahrnehmungen, das als einziges von Theophrasts Werk »Lehren der Physiker« unverstümmelt erhalten ist. (Text: H. Diels, Doxographi Graeci 499–527.)

Fr. 16 1 Der griechische Text: »wie (einer?) jeweils die Mischung hat«, nennt kein Subjekt; es verstand sich wahrscheinlich aus dem Vorhergehenden.

in den Körperteilen Hölscher 116 || *im Körper* Fränkel (1)[1] 172.

3 *was (Akk.) sie denkt* Fränkel (1)[1] 173, (2) 174 f. || *dasselbe, was (Nom.) bei allen Menschen denkt* Diels (1) 45.

4 *das Mehrere* Diels VS || *das Volle* Bollack 69.

Test. 48 Hipparchos hieß ein Astronom des 2. Jahrhunderts, dem diese Theorie nicht gehören kann. Es liegt wahrscheinlich eine Verwechslung mit Hippasos, dem Pythagoreer in der Mitte des 5. Jahrhunderts, vor – sie begegnet auch sonst in der Doxographie. Die Übereinstimmung mit Parmenides, und zwar gerade in der Feuerlehre, wird bestätigt durch Test. 45.

Fr. 19 1 *sind jetzt* || *... noch jetzt* Diels VS.

2 *so auch von jetzt an* || *wird von nun an in Zukunft wachsen und dann (!) sein Ende nehmen* Kranz VS; s. Nachwort S. 117.

Fr. 4 1 *Schau ... gleichermaßen* Hölscher 122 || *Betrachte, wie doch ...* Diels (1) 33, *Schaue jedoch, wie ...* Kranz VS.

2 *er wird nicht ...* Calogero 22 A. 1 || *du kannst nicht ...* Diels (1) 64, Bollack 58.

vom Zusammenhang mit ... VS || *daß es sich fern halte von ...* Bollack 59.

3 *weder wenn es sich ausbreitet* vgl. Bollack 60 || *weder so, daß es sich ... auflockere* Diels (1) 33, *weder als solches, das sich ... zerstreue* Kranz VS, *weder durch einen Zustand kosmischer Expansion noch Kontraktion* Reinhardt 49.

im Weltgefüge (*im Universum* Bollack 61) || *in vollkommener Ordnung* Kerschensteiner 122, *in seinem Gefüge* Diels (1) 33, *durch einen kosmischen Zustand ...* Reinhardt 49 (s. o.).

Parmenides

Parmenides ist der Schöpfer der Ontologie. Die griechischen Philosophiehistoriker nennen ihn unter den ersten der italischen Schule, die sie als den anderen Zweig der Philosophie von der jonischen unterscheiden. Gegenüber der auf Erfahrung und geistige Naturanschauung sich gründenden Kosmologie der Milesier trägt die italische Philosophie ein logisch-konstruktives Gepräge. Insbesondere die sogenannte eleatische Schule hat die spekulative Logik entwickelt, die dann zur sophistischen und platonischen Dialektik hinführt. Sie trägt ihren Namen von der Heimatstadt des Parmenides, Elea in Lucanien, deren bedeutende Fundamente an der Küste etwa vierzig Kilometer südlich von Paestum noch zu sehen sind.
Allerdings nennen die Handbücher einen anderen, älteren Gründer der eleatischen Schule, Xenophanes von Kolophon, als den Lehrer des Parmenides. Das geht auf Platon zurück, der im Sophistes von der »eleatischen Zunft« redet, die, »mit Xenophanes und noch früher anfangend«, die Einheit alles Seienden lehre.[1] Es kann sein, daß man Platon hier zu ernst genommen hat. Es war damals beliebt, die Grundthesen der verschiedenen Schulen über ihre Archegeten hinaus auf ältere Dichter und »Theologen«, ja bis in die Mythologie hinaufzuführen[2], und so ist Xenophanes hier, zusammen mit noch Älteren, Ungenannten, offenbar als Dichter und in mehr spielerischer Weise von Platon zum Vorläufer der philosophischen Einheitslehre gemacht worden.
Über den philosophischen Charakter des Xenophanes und seiner Lehre – wenn es eine solche gab – und über sein zweifel-

1 Platon Soph. 242 d
2 Aristoteles Metaph. I 3, 983 b 29 (offenbar nach Hippias)

haftes Verhältnis zu Parmenides[3] kann hier nicht gehandelt werden. Nur die biographischen Daten seien vermerkt. Xenophanes ist ungefähr im Jahr 570 v. Chr. in Kolophon an der jonischen Küste Kleinasiens geboren. Er hat fünfundzwanzigjährig den Untergang des Lyderreiches durch die persische Eroberung erlebt und gehörte zu den vielen griechischen Emigranten, die damals in Scharen ganzer Stadtbevölkerungen Jonien verließen und im westlichen Mittelmeer, zumal in Süditalien, Fuß zu fassen suchten. Auch Elea ist damals, im Jahre 540, von ausgewanderten Phokäern gegründet worden. Xenophanes soll die Gründung der Stadt in einem epischen Gedicht geschildert haben; daß er Bürger von Elea war, ist nicht wahrscheinlich. Gelebt hat er zumeist auf Sizilien, als fahrender Rhapsode öffentlich oder bei den geselligen Gelegenheiten auftretend, deren künstlerische Ausdrucksform die Gattung der altgriechischen Elegie gewesen ist, und fand schließlich in Hieron, dem Monarchen von Syrakus, einen Gönner. Noch im höchsten Alter, in den siebziger Jahren des fünften Jahrhunderts, hat er gedichtet.

In diesem beinahe hundertjährigen Leben bleibt für eine mögliche Begegnung mit Parmenides ein weiter Spielraum.[4] Dieser ist wahrscheinlich schon in Elea geboren. Sein vierzigstes Jahr wurde von der antiken Chronographie, wahrscheinlich nach dem Gründungsjahr der Stadt, kurz vor die Jahrhundertwende fixiert. Daß er nicht *sehr* viel jünger gewesen ist, darf man, dem Anschein zum Trotz, aus Platons Dialog Parmenides schließen, worin Platon es zu einer Begegnung des Sokrates mit dem alten Philosophen kommen läßt. So gewiß diese Begegnung selber eine Fiktion ist, so tut Platon doch alles, um sie als möglich hinzustellen. Parmenides sei als alter Mann, fünfundsechzigjährig, zum Besuch der panathenäischen

3 s. K. Reinhardt 89 ff., und W. Jaeger 50 ff. 4 [Dennoch, das ›Eleatische‹ in Xenophanes dürfte erst sophistische Interpretation sein.]

Spiele nach Athen gekommen, Sokrates sei damals noch »außerordentlich jung« gewesen. Da Sokrates 470 geboren ist, käme man damit für Parmenides auf ein Geburtsjahr um 520. Platon hat gewiß nicht ohne Not so extreme Bedingungen für die Begegnung erfunden; das heißt, Parmenides hat jedenfalls nicht später gelebt.[5]

Unsicherer ist die Abfassungszeit seines Gedichts. Nimmt man die Anrede der Göttin beim Wort, so war er noch ein »Jüngling«. Das würde auf ein Datum um die Jahrhundertwende oder vorher führen. Aber zwingend ist das nicht, und eine Abfassung auch in etwas späterer Zeit bleibt möglich. Nur soviel ist zu sagen, daß Parmenides und Xenophanes wechselseitig voneinander Kenntnis haben konnten.

Die Chronologie ist aber noch für ein anderes Verhältnis bedeutend, das zu Heraklit. Für Platon ist Heraklits Philosophie eine Antwort auf die eleatische Lehre, auch zeitlich dieser folgend.[6] In neuerer Zeit ist das Verhältnis umgekehrt worden, indem man in der Philosophie des Parmenides eine Polemik gegen Heraklit zu erkennen glaubte.[7] Da Heraklits Schrift kaum vor den achtziger Jahren, wahrscheinlich erst nach 478, geschrieben worden ist, ergibt sich für eine solche Annahme die größte chronologische Schwierigkeit.[8] Umgekehrt kann sich eine Datierung des Parmenides nach Heraklit zuletzt nur auf die fragliche Interpretation seiner Philosophie stützen.[9]

Von einem dritten Verhältnis ist noch zu reden, dem zu Pythagoras. Es gibt unverächtliche Zeugnisse, daß Parmenides mit Pythagoreern in Beziehung stand, ja daß er, wie

5 Vgl. Zeller-Nestle I[7] 681 A. Anders rechnen Diels (1) 71, Kirk-Raven 263, 268.
6 Platon Sophistes 242 d
7 Nach J. Bernays H. Diels (1) 71
8 s. Reinhardt 155 ff.
9 s. unten S. 86 und 95

auch sein Schüler Zenon, selber Pythagoreer gewesen sei. Die Nachrichten stammen aus biographischer, nicht philosophiegeschichtlicher Tradition. Pythagoreer nennt ihn Strabon in einem Zusammenhang, wo er seine politische Rolle in Elea erwähnt. Er stammte aus angesehener, reicher Familie, wie es den politischen Tendenzen des Ordens entsprach. Für einen verstorbenen pythagoreischen Freund, Ameinias, stiftete er ein Heroon. Es fragt sich, wie weit Einflüsse des Ordens über das Politische und die Gesetze der Lebensführung hinaus in die Denkweise des Parmenides reichten. Neuere Interpreten haben pythagoreische Elemente in seiner Lehre nachzuweisen versucht.[10] Aber nichts ist greifbar, und überhaupt bestehen an dem philosophisch-wissenschaftlichen Charakter des älteren Pythagoreertums triftige Zweifel.[11]

Nach dem angedeuteten rationalen Charakter der parmenideischen Lehre muß es den modernen Leser zunächst überraschen, daß Parmenides die traditionelle Prosaform der jonischen Lehrschrift aufgibt und in epischen Hexametern dichtet. Es ist die Sprache Homers und Hesiods, und das Eigentümliche des Gedichts besteht zum Teil darin, wie es traditionelle epische Formeln seiner so völlig anderen Aussage adaptiert. Der epischen Form bediente sich allerdings auch Xenophanes, und er steht damit in der Tradition der rhapsodischen Bankettsänger. Aber von da führt kein Weg zu Parmenides. Dessen literarischer Ahn ist vielmehr Hesiod. Mit dem religiösen Lehrgedicht, vor allem der Theogonie, teilt das parmenideische nicht nur die sprachliche Form, sondern den Charakter der Offenbarung, der Unterweisung des Dichters durch die Gottheit. Darüber hinaus bleibt auch in dem philosophischen Lehrgedicht die Form der Kosmogonie die Theogonie; von substantiellen Übereinstimmungen und

10 Burnet 170, Kirk-Raven 277
11 s. Burkert 260 ff.

Affinitäten einstweilen zu schweigen. In derselben literarischen Gattung spricht ein halbes Jahrhundert später Empedokles seine Lehre aus, wobei mit der hesiodisch-parmenideischen Form sich wiederum Denkweisen und Inhalte forterben. Schüler des Empedokles in der Gattung des philosophischen Lehrgedichts wird dann, in langem Abstand, Lukrez, auch er dem Meister nicht nur die poetische Form verdankend.

Parmenides hat nur diese eine, kurze Schrift geschrieben, und auch sie ist im Altertum wenig gelesen, noch seltener abgeschrieben oder zitiert worden. Wir würden fast nichts von ihm haben, hätte nicht der kluge Kommentator des Aristoteles, Simplicius, am Anfang des 6. Jahrhunderts, kurz vor der endgültigen Schließung der platonischen Akademie von Athen durch den christlichen Kaiser, wahrscheinlich in ihrer Bibliothek ein altes Exemplar der parmenideischen Schrift aufgefunden, aus dem er große Partien in seinem Physik-Kommentar ausschreibt, ausdrücklich »wegen der Seltenheit des Buches«, damit seine Leser seine Darstellung der parmenideischen Lehre am originalen Text nachprüfen könnten.[12] Wir besitzen auf diese Weise von dem ersten, im Urteil der Nachwelt wichtigeren Teil des Gedichts, der sogenannten Rede von der Wahrheit, schätzungsweise neun Zehntel, davon die Entwicklung des Seienden und den unschätzbaren Übergang zum zweiten Teil ganz; von diesem allerdings, der die »Meinungen der Sterblichen« oder den Schein behandelte, nur vereinzelte Bruchstücke.

Die geringe Verbreitung des Werks des Parmenides steht im Gegensatz zu der außerordentlichen Wirkung seines Gedankens. Was von Sokrates gesagt wird: daß von ihm alle späteren philosophischen Schulen bestimmt sind, das gilt mindestens ebenso von Parmenides. Daß das Seiende *ist* und nicht

12 Simpl. Phys. 144 (VS 28 A 21)

nicht sein kann: diesem Satz haben sich alle Folgenden so wenig entziehen können, daß er die griechische Philosophie, ja das rationale Denken der Menschheit in ein vor- und ein nachparmenideisches Zeitalter scheidet. Er führt einerseits, in der an Parmenides sich anschließenden Naturphilosophie (Empedokles, Anaxagoras, Leukipp und Demokrit), zu der Konzeption der unveränderlichen Stoffe, seien sie als Elemente oder als Atome gedacht, und hat in der Form des Gesetzes von der Erhaltung des Stoffes und der Kraft bis heute seine Gültigkeit behalten. Die andere Linie führt über die eleatische Schule und die frühsophistische Erkenntniskritik zur logischen Ontologie Platons. Seither ist der Satz des Parmenides in der Form des Satzes vom Widerspruch die Grundlage der Logik und aller wissenschaftlichen Erkenntnis.

Die platonische Adaption der parmenideischen Seinslehre von ihrer logischen Seite her ist auch bestimmend geworden für alle folgende Interpretation des Parmenides und seine Abgrenzung gegen die kosmologische Philosophie. Zwar hat Parmenides selber im zweiten Teil seines Gedichts eine Kosmogonie und Kosmologie entwickelt, die, nach den Details einiger Bruchstücke zu schließen, von der Bildung der Gestirne bis zur organischen Physiologie und Wahrnehmungslehre reichte und an Fülle des naturwissenschaftlichen Stoffes, aber auch bahnbrechender Erkenntnisse wahrscheinlich alles bisher Geschriebene in den Schatten stellte. Aber das gehörte, wie gesagt, zum zweiten Teil, zum »Schein« oder zur sogenannten »Doxa«, erhob mithin keinen Anspruch auf Wahrheit und konnte an dem Urteil des Aristoteles nichts ändern, daß die Philosophie des Parmenides nicht in die Naturlehre gehört.[13]

Das Verhältnis des zweiten zum ersten Teil ist das Kernpro-

13 Arist. De caelo III 1, 298 b 17 ff. (VS 28 Test. 25)

blem der Parmenidesforschung geworden. Aristoteles erklärte sich den Widerspruch als eine Konzession, die Parmenides notgedrungen an den Augenschein machen mußte.[14] In neuerer Zeit ist in ähnlichem Sinne der zweite Teil als eine nur hypothetische Kosmologie verstanden worden, die, unter der Voraussetzung, daß der Schein wahr wäre, die beste Erklärung der erscheinenden Welt abgeben würde.[15] Andere sahen darin gar nicht die Theorie des Parmenides, sondern eine fremde, vielleicht ideal komplettierte Lehre, die der poetische Philosoph im polemischen Sinn, zu didaktischen Zwecken des Schulbetriebs hier angefügt hätte.[16] Erst Karl Reinhardt, der das neuere Verständnis der Vorsokratiker eingeleitet hat, hat auch den zweiten Teil der parmenideischen Lehre angefangen ernst zu nehmen. Seither ist die Beziehung und Einheit der beiden Teile mehr und mehr hervorgetreten, so daß es schließlich fraglich wird, ob die Auffassung des Parmenides als Logiker und seine Trennung von den kosmologischen Bemühungen der anderen Vorsokratiker das eigentliche Wesen seiner Philosophie trifft.

14 Arist. Metaph. I 5, 986 b 31 (VS 28 A 24)
15 Wilamowitz 204
16 Diels (1) 63, Burnet 170

Vom Wesen des Seienden

Das Gedicht des Parmenides trug im Altertum den Titel Περὶ Φύσεως, »Über die Natur«, und Simplicius zweifelte nicht daran, daß es des Autors eigene Überschrift war.[1] Er bemerkte, daß dieser Titel sich nicht unbedingt auf einen physikalischen Inhalt beziehen mußte. Denn »physis« hieß in der alten Sprache nicht »die Natur«, sondern das »Wesen«, nämlich das eigentliche und wahre Wesen einer Sache; im prägnanten Sinn dann das Wesen der Dinge oder des Seienden im ganzen. Seit wann man den philosophischen Lehrschriften diesen Titel gab, wissen wir nicht; für Lukrez, der ihn »De rerum natura« übersetzt, gehört er zur Form des altgriechischen Lehrgedichts, in der er archaisierend dem Empedokles folgt. In neuerer Zeit wird meistens angenommen, daß die archaischen Schriften noch keine Titel trugen; und allerdings begannen die ältesten Prosaisten ihre Werke statt eines Titels mit einem überschriftartigen Satz. Aber Gorgias, um die Mitte des 5. Jahrhunderts, hat eine Schrift bereits »Über das Nichtseiende oder Über die Natur« überschrieben, in offenbarer und pointierter Variation eines überkommenen Titels – gerade zu seiner Zeit begann das Wort »physis« die »natürliche Welt« zu bezeichnen. Der Gorgianische Titel läßt vermuten, daß er auf ontologische, das heißt eleatische Schriften anspielt. Darum scheint es nicht zu gewagt, wenn man einem Werk, das kaum ein halbes Jahrhundert älter war, diesen Titel läßt.[2] Über seine Bedeutung kann man erst vom Ganzen her eine Vermutung anstellen.[3]

1 Simpl. De caelo 556.25
2 s. Verdenius 73 ff.
3 s. unten S. 123

Parmenides beginnt mit der Beschreibung seiner Wagenfahrt in ein Reich des Lichts, wo eine Göttin ihn empfängt und ihm die Wahrheit kundtut. Diese Rede der Göttin enthält die eigentliche Lehre des Parmenides und füllte wahrscheinlich den ganzen Rest des Gedichts. Jedenfalls haben sich keine Spuren von einem Schluß erhalten, in welchem der Dichter nach der Rede noch einmal im eigenen Namen das Wort ergriffen hätte. Fr. 1

Die poetische Begabung des Parmenides, seine Fähigkeit des Ausdrucks, wird im allgemeinen nicht hoch eingeschätzt.[4] Möglicherweise fehlt es einem solchen Urteil an zureichenden Begriffen. Die Schilderung der Fahrt sticht durch ihre Anschaulichkeit stark von dem abstrakten Charakter der göttlichen Belehrung ab. Doch weisen die einzelnen Bilder, teils durch sich selber, teils durch ihren Kontext mit den anderen, auf einen Sinn hin. Wir sind geneigt, eine solche Bildersprache allegorisch zu nennen. Als Allegorie hat das Proömium schon Sextus Empiricus, dem wir das Bruchstück verdanken, ausgelegt, indem er in den Pferden die Triebe, in der Reise die philosophische Kontemplation sieht; die Sinne – Ohren und Augen – erkennt er in den zwei Wagenrädern und den Sonnenmädchen, in der Torwächterin den Verstand usw.[5] Abgesehen von dem so für Parmenides nicht zutreffenden Verhältnis von Sinneswahrnehmung und Verstandeserkenntnis, gehört auch diese Form der verschlüsselnden Allegorie erst der hellenistischen Zeit an. Die Metaphorik des Parmenides ist direkter. Sie schließt sich zunächst an Topen des Dichtens und der Gedichteingänge an.[6] Gespann und Wagen sind das feierliche Vehikel, von dem auch Pindar sich zum Thema seines Liedes bringen läßt; der »Weg der vielen Kunde« ist das Lied

4 s. Diels (1) 7, v. Wilamowitz, D. griech. Litt. d. Alt. 62
5 VS 28, Testim. zu Fr. 1
6 Fränkel (1)² 158 ff.

selber. [Dürfen wir die Gottheit dieses Weges deshalb die Muse nennen?] Aber darein mischt sich ein anderes Bild: von der Schnelligkeit des Gedankens. Homer vergleicht damit den Flug der Hera: »Wie wenn der Gedanke eines Mannes fliegt, der viel auf der Erde herumgekommen ist und sich nun denkt: da möchte ich sein oder dort! . . .«[7]. Der Welterfahrene, der beliebig im Geiste sich hierhin oder dorthin versetzt, ist auch das Motiv des Parmenides. Der Weg des Dichtens wird zum Weg des Denkens: [der Weg seines guten ›Dämons‹].

Der Weg führt vom Dunkel zum Licht. Das »Haus der Nacht« wird verlassen, ein Tor wird durchfahren, welches das »Tor der Bahnen von Nacht und Tag« heißt. Das Bild entstammt der alten Mythologie, die sich ein solches Tor an der Wohnung der Nacht denkt: Nacht und Tag begegnen dort einander so, daß nur immer eines der beiden im Hause ist.[8] Vom mythischen Sonnenaufgang leiht die Fahrt des Parmenides ihre Bilder. Versucht man aber, nun die Etappen der Reise zu bestimmen, so gerät man alsbald in Schwierigkeiten.[9] Wie viele Häuser gibt es? Wo ist das Tor? Am Anfang oder am Ende? Oder in der Mitte? Wo endet das Dunkel? Wo befindet man sich am Anfang des Gedichts? Die kosmische Metaphorik legt es nahe, die Stationen der Fahrt im Kosmos zu lokalisieren.[10] Aber die Widersprüche werden nur ärger. Wird dieses Tor auch von Licht und Nacht durchschritten? Liegt es im Osten oder Westen? Oder im Zenit? Fährt Parmenides im Sonnenwagen, ein glücklicherer Phaethon, auf der Sonnenbahn?[11] Oder umgekehrt, von Nacht und Westen gegen Osten? Man muß sich klarmachen, daß auch das mythi-

7 Ilias 15.80
8 Hesiod Theogonie 748
9 Ausführliche Diskussion bei Mansfeld 222 ff. Seine eigene Lösung S. 239: die Heliaden treffen den Wagen des Parmenides erst unterwegs.
10 Kranz 1158 ff.
11 Bowra 103 ff.

sche Tor am Haus der Nacht, das Tag und Nacht passieren, nicht im physikalischen Raum, weder im Osten noch im Westen, unterzubringen ist: der Mythos redet unmittelbar zum Verstehen. Auch bei Parmenides sind die einzelnen Metaphern nicht zum Ganzen einer realen Anschauung zu vereinigen[12], die zwischen Bild und Sinn zu vermitteln hätte. Die Metaphorik des Parmenides ist von der Unmittelbarkeit der Sprache selber. Als unmittelbare Aussagen sind die Metaphern der Schnelligkeit, des Geleits der Heliaden, des Aufschlagens der Schleier, des Hauses der Nacht, das verlassen wird, des Tores, das die Wege trennt usw., für sich selber sprechend und verständlich, und bedürfen nicht der Einordnung in eine vermittelnde Realität. Die Metaphorik fehlt auch durchaus nicht, so stark man den Unterschied empfindet, in der folgenden philosophischen Demonstration, und ist dort von derselben Art: z. B. das Seiende, das in den Fesseln der Notwendigkeit liegt, die Fesseln, die von der Gerechtigkeit nicht gelockert werden, während Werden und Vergehen in die Ferne verschlagen sind. Im Proömium hat sich ihr bildliches Element selbständig gemacht. Aber es ist nicht allegorischer, als wenn Homer vom Sänger sagt, daß ihn die Muse gelehrt habe. Wäre die Fahrt zur Göttin Allegorie, so wäre dies vor allem die Göttin selber. Aber Parmenides würde seine Göttin durch keinen Begriff oder menschliches Vermögen ersetzen wollen noch können.[13]

Belehrung durch die Musen hat Hesiod erfahren, als ihm beim Rinderweiden am Helikon die Göttinnen erschienen waren. In die Reihe solcher Berufungs- und Einweihungsgeschichten gehört auch die Wagenfahrt des Parmenides.[14] Hier wird also nicht der allgemeine, wiederholte und wiederholbare Erkennt-

12 Fränkel (1)² 161
13 Vgl. Reinhardt 67
14 Vgl. Bowra 106, Mansfeld 259 f.

nisvorgang[15], sondern etwas Einmaliges beschrieben. Man würde wohl Ton und Absicht verkennen, wenn man auf ein ekstatisches oder mystisches Erlebnis des Parmenides schließen wollte.[16] Die Wagenfahrt erzählt den Grund seines philosophischen Berufs als Berufung.

1.1-10 Als einmaliges Erlebnis ist durchaus die Ankunft am Tor und der Empfang bei der Göttin gemeint, wie aus den Verbalformen hervorgeht. Aber auch die imperfektischen Formen, in denen am Anfang die Fahrt geschildert wird, bezeichnen nicht die Wiederholung des Vorgangs, sondern das Zuständliche der einmal erlebten Fahrt. – Zu unterscheiden ist davon allein, was von den Pferden (im Präsens) gesagt wird: daß sie ihn »bringen so weit er nur will«; und von der Straße, die »den Wissenden überallhin führt«. Damit ist in der Tat das Denken als ein immerwährendes Vermögen gemeint: sie tun das immer, sofern eben das Denken das auszeichnende Vermögen des »Wissenden« ist, das Entfernte zu vergegenwärtigen (s. Fr. 4). Dies unterscheidet ihn von den übrigen Menschen als den »nichts wissenden« (Fr. 6). Es trägt den Denkenden »in alle Städte«: der Ausdruck scheint noch von Orten der Menschenwelt zu reden, anders als nachher die Göttin von dem Ort der Wahrheit, der »außerhalb des Verkehrs der Menschen« (1.27) liegt. Kurzum, das oft Erfahrene und immer zu Gebote Stehende ist die Kraft des Denkens – aber diesmal geht die Fahrt zur Offenbarung des Seienden.

Das Besondere *dieser* Fahrt beginnt mit den Begleiterinnen (1.5), den Mädchen, die sich als Heliaden herausstellen. Die göttlichen Wegweiserinnen bedeuten Begnadung. Man darf nicht fragen, ob sie des Denkers eigene oder fremde Kräfte sind: der archaische Mensch erfährt die Mächte des Inneren

15 So Fränkel (1)^2 159, Tarán 30

16 So Jaeger 95 ff., Verdenius 67 ff. und Mnemosyne IV 1949, 116 ff. Als schamanistische Entrückung verstehen es Diels (1) 14, Cornford Pr. Sap. 118.

als äußere Mächte.[17] Die im folgenden sich häufenden Lichtmetaphern, entsprechend verbreiteter Symbolik, kennzeichnen die Fahrt als ein Ereignis der Erleuchtung. Licht ist soviel wie Wahrheit. Das verwickelt den Interpreten allerdings in ein Problem. Gerade das Licht bildet für Parmenides, zusammen mit dem Dunkel, die Dualität der Scheinwelt und ist dort nicht zu denken ohne seinen Gegensatz, vor dem es keinen Vorrang zu haben scheint. In dem Bereich des Seienden und der Wahrheit, möchte man denken, hat es keinen Platz. Hat Parmenides den Widerspruch nicht bemerkt? oder in den Kauf genommen, weil er im Proömium vom Licht nur metaphorisch spricht? Ein Anzeichen mehr, daß die Wagenfahrt als poetisches Bild von dem Gedanklichen der Lehre abzutrennen wäre? Oder meint Parmenides mit dem Licht in der Scheinwelt das Seiende, und der Irrtum der Menschen bestünde darin, daß sie zum Seienden noch das Nichtseiende setzen, das Dunkel? Das scheint die Meinung des Aristoteles gewesen zu sein.[18] Wir heben diese entscheidende Interpretationsfrage für später auf.

Die Torwächterin trägt den Namen der »Gerechtigkeit«: 1. 11-21
Aber »Dike« in archaischer Sprache involviert nicht primär einen ethischen Sinn, sondern das Gehörige, die Richtigkeit des Weltverlaufs und ist also eher ein kosmischer Begriff. Bei Heraklit sorgt sie dafür, daß »die Sonne ihre Maße nicht überschreitet«. Als Wächterin am Tor der Straßen von Tag und Nacht wacht sie wohl eigentlich über den richtigen Wechsel. Doch tritt diese Vorstellung vom Wechsellauf durch das Tor hier entschieden zurück hinter der der Trennung zweier Bereiche, der Unzugänglichkeit des göttlichen Lichtreiches für die Sterblichen. Es bedarf der besonderen Huld und Fürsprache für den Begnadeten, daß er eingelassen wird. Daß

17 Fränkel (1)² 168
18 Metaph. I 5, 987 a 1 (= Test. 24)

dieser Eine, von Unsterblichen Begleitete, den Weg zur Göttin fand, den Weg »fernab vom Verkehr der Menschen«, ist »Fug und Recht« – »dike« (1.28). Später heißt es, daß Dike das Seiende in Banden hält, so daß es nicht werden noch vergehen kann (8.14). Es ist also die Richtigkeit des notwendigen Denkens[19], die hier dem Parmenides das Tor zur Wahrheit öffnet.

1. 22-28 Die Göttin, zu der er gelangt, ist demnach wohl nicht selber Dike.[20] Wer ihr einen Namen geben will, muß sie die Muse nennen.[21] Auch die Muse Homers heißt am Anfang der Ilias nur die »Göttin«. Zur Muse gehört nicht bloß, wie in der Trivialvorstellung, das Künstlerische, sie ist die Wissende. Die Musen Hesiods, die ihn zum Dichten des Götterstammbaums berufen, »wissen das Wahre zu erzählen«[22]. Man möchte danach Parmenides' Göttin wohl auch die Wahrheit nennen. Von der Wahrheit, Aletheia, empfing vielleicht Epimenides im Traum seine Verkündigung. Parmenides allerdings hat diesen Namen für sie nicht gemeint, da er sie selber von der Aletheia sprechen läßt (Fr. 1.29, 2.4, 8.51). Wie aber seine Lehre sich als Belehrung durch die Gottheit gibt, so kommt auch sein eigentümlicher Wahrheitsanspruch – in dieser Weise von den früheren Philosophen nicht erhoben – aus der Gattung der religiösen Berufungs- und Offenbarungspoesie, die für uns durch Hesiods Theogonie repräsentiert wird.

Über dem Zusammenhang der Gattung ist freilich ein entscheidender Unterschied nicht zu übersehen. Hesiods Verkündigung macht Anspruch auf Wahrheit, weil die Göttinnen sie verkündigt haben. Doch in der Rede der parmenideischen Göttin schafft sich die Wahrheit einen anderen Überzeugungs-

19 Fränkel (1)^2 165
20 So Deichgräber 640, 664. Aber Herrscher und Torwächter sind schwerlich eine Person.
21 Fränkel (1)^2 159/60
22 Theogonie 28

grund als den, daß sie Rede der Göttin ist: sie beruft sich auf den Logos, das *richtige Reden.* Wir übersetzen Logos mit Vernunft, ratio. Das Lexikon bietet daneben eine Reihe von stark divergierenden Bedeutungen an, unter denen wenigstens »Wort«, »Rede«, »Rechenschaft«, »Begründung«, »Denken«, und schließlich »Vernunft« so unlösbar im griechischen Sprachgebrauch verbunden sind, daß die Interpretation oft schwerfällt. In der Rede der parmenideischen Göttin ist der »Logos«, *mit dem* der Adept die vorgetragene Beweisführung entscheiden soll (Fr. 7.5), begrifflich kaum von dem »zuverlässigen Logos« zu trennen, als welchen sie ihre eigene *Rede* bezeichnet, den »Logos und Gedanken von der Wahrheit« (Fr. 8.50). Rede und Gedanke, Sagen und Denken werden von Parmenides öfters auffällig so untereinander gekoppelt, daß sie fast wie Synonyme erscheinen (Fr. 2.7f., 6.1, 8.8, 8.50). Wie immer man die ursprüngliche Identität von Sprechen und Denken anthropologisch beurteilen will, die *Rede* der Göttin ist nichts anderes als eine folgerechte, begründend fortschreitende *Überlegung*, ein *richtiges Denken.* Das richtige Sprechen ist ein vernünftiges Sprechen. Im Begriff des richtigen Sprechens allein hat die parmenideische Argumentation mit dem »Sagbaren« als dem »Denkbaren« seinen Grund.

Die Göttin beginnt, nach der Begrüßung, mit einer Ankün- 1. 29 - 32
digung, die einer Disposition ihrer Rede gleichkommt. Zweierlei soll der Jüngling erfahren: die Wahrheit – und die Meinungen der Sterblichen, die »nicht verläßlich« sind. Die *Wahrheit* heißt, mit Prädikaten, die auch das *Seiende* erhalten wird[23], »rund« und »unerschütterlich«; »wahr« und »seiend« sind in der alten Sprache vertauschbare Begriffe.

Das Ende der »zuverlässigen Rede von der Wahrheit« liegt, wie die Göttin selber sagen wird, bei 8.50; »von hier an« fol-

23 s. Gigon 249

gen »die sterblichen Meinungen«. Das ist also die angekündigte Behandlung des anderen Gegenstands, der »keine wahre Zuverlässigkeit« besitzt (1.30).

Aber die Göttin fährt fort, er solle »trotzdem« – das heißt, trotz dieser »Unwahrheit« – »auch das erfahren, wie es kommen mußte, daß das Vermeinte in Ansehen steht«. Dabei werden die »Meinungen« (δόξαι) jetzt aufgegriffen als das den Menschen »Scheinende« (δοκοῦντα), so aus dem Subjektiven das Objektive des »Scheins« hervorhebend. Die »Meinungen« sind nicht Ansichten über die Dinge, geschweige fremde Lehrmeinungen, sondern der allen Menschen gemeinsame Schein der sinnlichen Welt, der »Alles durchdringt«. »Alles durch alles hindurch« ist die Formel, die, wahrscheinlich von den Milesiern herrührend, das kosmische Prinzip bezeichnet, das überall und ewig herrscht. Parmenides überträgt sie auf den Schein.

Diese so bestimmte Ankündigung im Programm der Göttin hat nun viel Kontroversen verursacht. Ist es, nach Wahrheit und Schein, ein dritter Punkt?[24] Aber es folgt nach dem »zweiten Teil« kein dritter; und der zweite scheint selber das hier zusätzlich Versprochene zu erfüllen (s. Fr. 9). Ist es also nur die Erläuterung des zweiten Punktes, der Mitteilung der menschlichen Ansichten?[25] Aber was im zweiten Teil tatsächlich mitgeteilt wird, sind keineswegs die Ansichten der Menschen, sondern eine sie erklärende Theorie. – Die Kontroverse scheint sich mir in einem einfachen Mißverständnis aufzulösen; denn die Göttin sagt nicht, daß ihr Adept die Vorstellungen der Menschen »erfahren«, sondern »verstehen lernen« soll, und dies ist tatsächlich der Inhalt des zweiten Teils von Fr. 8.50 an: eine *Erklärung* der menschlichen Meinungen als eine Entstehungsgeschichte des Scheins, und diese

24 Schwabl 56 ff., Deichgräber 664
25 Kranz (1) 1170, Tarán 211 ff., vgl. Owen 88

als eine vollständige Kosmogonie. – Die *Darstellung* der menschlichen Meinungen steht dagegen im ersten Teil, in Fr. 6 und 8.39.

Wieviel zwischen dem ersten und dem zweiten Fragment fehlt, wissen wir nicht; das Erhaltene läßt kaum etwas vermissen. Doch muß hier das Fragment 5 gestanden haben – die Umstellung der Diels'schen Ordnung der Fragmente in den späteren Auflagen der Vorsokratiker ist ein Mißgriff gewesen.[26] Es stammt offenbar aus dem Anfang der Rede der Göttin. Die »Rückkehr zum selben Punkt«, die sie verspricht, bedeutet vermutlich, daß das Gedicht mit dem Thema des Seienden, das den Anfang bildet, auch wieder schloß. Fr. 5

Die folgende Rede führt sich ein als eine »Nachforschung«: das griechische Verbum heißt »nach etwas suchen und fragen«. Der »Weg des Suchens« ist die »Prozedur« des Denkens. Das Gesuchte dürfen wir vorläufig das Wahre nennen. Das Wahre stützt sich auf »Überzeugungskraft« (2.4), der »Weg der Überzeugung« wird also ein diskursives Denken sein. Fr. 2

Die Göttin beginnt mit der Disjunktion zweier Wege, die durch ihren Denkinhalt als kontradiktorische Möglichkeiten bestimmt sind: »*es ist*«, und »*es ist nicht*«. Als kontradiktorische Sätze sind diese beiden Möglichkeiten erschöpfend, die Göttin hat bei den »allein denkbaren Wegen« (2.2) also nicht mehr als diese zwei im Auge. Der dritte, von dem sie alsbald reden wird, der Irrweg der Menschen, bleibt unter den »denkbaren« hier außer der Betrachtung.

»Es ist«: was für ein Subjekt hat Parmenides zu diesem »ist« gedacht? In der sogleich hinzugefügten Negation des Gegenteils *scheint* das Subjekt genannt zu sein: »nicht ist *Nichtsein*« (2.3). Soll man demnach ergänzen: »*Sein* ist«? Aber am Ende gelangt die Untersuchung zu dem »*Seienden*« (8.2–4). Ist Sein und Seiendes für Parmenides dasselbe? Und doch weiß er es

26 Pasquinelli 396 A. 29, Verdenius 35 A. 6

sprachlich sehr wohl zu unterscheiden (s. Fr. 6.8, 8.40). Und was hieße für Parmenides: das Sein ist? Der Gedanke: »das Sein west«[27], im Sinne der essentiellen Aktualität des Seins, ist dem archaischen Denker nicht zuzutrauen. Alle nachher gegebenen Prädikationen gelten dem Seienden. Wohl ist das »Seiende« dort immer wieder auf sein »Sein« befragt; aber das Befragte ist nicht das Sein, und nichts deutet darauf, daß Parmenides überhaupt etwas *vom* Sein oder *vom* Nichtsein ausgesagt hat. Vielmehr heißt auch in Vers 3 die besagte negative Formulierung: »es *kann* nicht *nicht sein*«[28]. Die Frage nach dem Subjekt bleibt also. Dasselbe gilt für die Antithese »es ist *nicht* und *muß* nicht-sein«.

Im Rahmen des parmenideischen Gedankens hält sich eher die andere Ergänzung: »das *Seiende* ist« – »das *Seiende* ist nicht«. Daß das erste eine Tautologie, das zweite ein Paradox wäre, wäre noch kein Einwand. Parmenides würde von dem absolut Sicheren ausgehen wollen. Aber gerade dieses Sichere müßte er dann wohl in seiner ganzen tautologischen Sicherheit aussprechen; gerade dann dürfte das Subjekt »das Seiende« nicht fehlen. Und damit wäre er freilich auch bereits am Ende. Statt zum Seienden hinzugelangen, würde er damit anfangen; »Seiendes ist« wäre Prämisse, oder vorweggenommene These.[29]

Verzichtet man auf die Ergänzung eines bestimmten Subjekts, so heißt das noch nicht, daß es überhaupt keines gibt.[30] Es stehn die kontradiktorischen Sätze dann als reine Möglich-

27 Worauf Fränkels Auffassung des »Ist« als »Impersonale« hinausläuft (»es ist« wie »es regnet«), (2) 169, (3) 403 A. 13. Siehe dazu u. Anm. 30.

28 Dem ἔστι entspricht also nicht οὐκ ἔστι, sondern μὴ εἶναι.
Die Übersetzung »es kann nicht« wird gesichert durch das entsprechende »es muß« in V. 5; vgl. Verdenius 32 A. 5.

29 So Verdenius 31 ff., Deichgräber 673, Tarán 38, 191; dagegen Calogero 17 ff.

30 So Tarán 36; dagegen Owen 93/5. Den sog. »unpersönlichen« Gebrauch gibt es im Griechischen nicht, sondern nur den mit »allgemeinem persönlichem Subjekt«, s. Schwyzer, Gr. Gramm. II 245 u. 260.

keiten der Aussage: man kann von etwas entweder sagen: es ist, oder: es ist nicht. Der Ernst dieser Aussagen wird unterstrichen durch die jeweiligen Negationen der Gegenteile: sagt man von etwas: es ist, so kann es auf keine Weise nicht sein; sagt man: es ist nicht, so kann es auf keine Weise sein. Das wird wichtig werden für das Urteil über die Meinung der Menschen (7.1).

Die oben gegebene Übersetzung: »daß (*etwas*) ist«, ist natürlich eine Aushilfe. Sie bedeutet nicht, daß ein »Irgendetwas« als Subjekt einer metaphysischen Aussage »Etwas existiert« zu ergänzen wäre.[31] Sie soll vielmehr anzeigen, daß wir es hier weder mit metaphysischen Thesen (»das Sein ist«, »Wirklichkeit ist«) noch mit logischen Prämissen (»Seiendes ist«) zu tun haben, sondern mit den beiden Möglichkeiten der Aussage.[32] Als Beispiele solcher Aussagen mag man sich Sätze denken wie: es ist Tag, das Meer ist grau, es ist nicht warm. Man hat bemerkt, daß die darauf aufgebauten Schlüsse aus einer Verwechselung des prädikativen »ist« (der Kopula) mit dem existentialen »ist« hervorgegangen seien, indem jede Aussage auf einem »ist« beruhe, aus diesem »ist« aber keine Existenz folge.[33] Zugegeben, daß Parmenides über den Unterschied noch nicht reflektiert hat. Aber bemerkenswerter ist, daß der Sinn von »sein« weder auf die Kopula noch auf die Existenzaussage[34] zu reduzieren ist. Der Satz: es ist Tag, bedeutet für Parmenides, daß Tag seiend ist; »sein« heißt »seiend sein«. Dasselbe gilt von Prädikationen: auch in ihnen wird das Prädikat selber – das Grau des Meeres, die Wärme der Luft – als ein Seiendes gesagt. Das »ist«, welches man ein *substantiales* nennen kann, bezeichnet ein ursprüngliches Wahrsein; Wahrheit besteht nicht in der Richtigkeit der Ver-

31 So Loenen 12
32 Vgl. Calogero 18, Owen 94 A. 1
33 So Calogero 4 ff., Kirk-Raven 269
34 So Tarán 36, Fränkel (3)

bindung zweier Begriffe, sondern in dem Zusagen eines Seienden.

So ist denn auch die »Wahrheit« des Satzes »es ist« (2.4) nicht so sehr vorwegnehmendes Urteil über die Richtigkeit des ersten Weges; die Aussage über den zweiten (2.6) noch nicht das Urteil über seine Falschheit: auch sie ist eher eine Wesensbestimmung, sofern der eine ein Seiendes sagt, der andre – »daß etwas nicht ist« – »gar keine Erfahrung einbringt« (παναπευθής).[35]

Damit ist gesagt, daß der zweite Satz nicht aus dem ersten gefolgert wird[36], der erste nicht Prämisse ist, von der die folgende Argumentation ausginge. Der Satz: »es ist«, ist dem Parmenides so wenig Prämisse, daß er vielmehr glaubt, ihn beweisen zu müssen. Schon das verbietet jede tautologische Übersetzung. Das Sichere, von dem Parmenides ausgeht, ist nicht eine These und die Unmöglichkeit ihres Gegenteils; der Ausgangspunkt ist die *Disjunktion*, die als kontradiktorische erschöpfend und damit wahr ist. »Es gibt nur zwei Möglichkeiten« (2.2): das ist die Prämisse eines Beweisganges, der über die Ausschließung der zweiten Möglichkeit zum Beweis der ersten gelangt. Die Form des Disjunktivbeweises wird von Parmenides ebenso bei der Bestimmung des Seienden angewendet, in Fragment 8.6–21.

Der Beweis folgt also zunächst der zweiten Möglichkeit: daß etwas nicht ist. Sie wird mit Hilfe einer zweiten Prämisse ausgeschieden: weil »das, was gar nicht ist«[37], »nicht wahrgenommen und nicht aufgewiesen« werden könne. Man mag wieder an Sätze denken wie: es ist nicht heiß, das Meer ist

35 Zur Übersetzung vgl. S. 82

36 Gegen Mansfeld 60, der in V. 4 als Subjekt »das Nichtseiende« annimmt.

37 Der Artikel beim Partizip dient hier nicht der Substantivierung, sondern hebt verallgemeinernd den Prädikatscharakter hervor: »ein« oder »etwas (nicht Seiendes)«, vgl. Fr. 4.2.

nicht grau. Das Gesagte und Erkannte muß ein Seiendes sein. Das Nicht-Heiße, das Nicht-Graue ist kein Seiendes. Das Argument impliziert, daß nur Seiendes erkannt werden kann. Sein ist die Bedingung des Erkennens. Wenn nun das Argument: »Du kannst es nicht *erkennen*«, gegen den Satz vorgebracht wird, daß etwas »nicht *ist*«, dann wird auch umgekehrt die Erkennbarkeit zum Kriterium des Seins. Nur was man erkennen kann, kann sein. Das ist aber genau die Aussage des Fragments 3:

»Denn dasselbe kann erkannt werden und kann sein.«[38] Fr. 3

Es ist die Prämisse der vorhergehenden Begründung und läßt sich daher unmittelbar an Fragment 2 anschließen.[39]

Der Satz darf als das Grundaxiom der parmenideischen Philosophie gelten. – Allerdings wird er häufig ganz anders aufgefaßt: als die Identität von Denken und Sein ausdrückend. Wie diese Interpretation aus dem spätantiken Platonismus stammt[40], ist sie in neuerer Zeit vor allem von seiten der erkenntniskritischen Philosophie vorgetragen worden. Tatsächlich kann sie den idealistischen Konsequenzen nicht entgehen, die Hegel daraus zieht[41], welcher auch zuerst diesen Satz mit der sophistischen Erkenntniskritik zusammengerückt hat. Jeder Versuch, solche geschichtliche Konfusion dennoch zu vermeiden, hat philologische Ungenauigkeiten in den Kauf nehmen müssen.[42] Daher seien hier zwei Bemerkungen zur Übersetzung gemacht.

Erstens: die Formulierung »es *kann* sein« bezeichnet nicht eine

38 Verdenius 34 bestreitet zu Unrecht, daß diese Übersetzung (zuerst von Zeller I[7] 687 A. 1 vertreten) den Satz impliziert »Nur das, was sein kann, läßt sich denken« (so Zeller; richtiger: »nur was gedacht werden kann, kann sein«). Vgl. Hölscher 94 ff. Dagegen Mansfeld 63 ff.

39 Verdenius 33. Mansfeld 80 ff. schiebt dazwischen ein: »also kann nur das Seiende gedacht werden«.

40 s. Testimonium zu Fr. 3 in VS

41 Vorl. üb. Gesch. d. Phil. I 342 (Jub.-Ausg. Bd. 17)

42 s. Hölscher 94

Möglichkeit ad libitum[43]; der griechische Ausdruck besagt vielmehr: »es *ist* so, daß es *ist*«, und bedeutet eine Wesensbestimmung. Dieser Sinn[44] ist im folgenden streng festzuhalten.

Zweitens: das griechische Wort für »erkennen«, νοεῖν, bezeichnet nicht nur das rezeptive Wahrnehmen, sondern zugleich das verstehende Denken einer Sache mit unserer Vorstellungskraft, dem Nous (»Verstand«).[45] Wir müssen es daher oft mit »denken« übersetzen. Der Nous ist aber ein erkennendes Denken, das heißt für Parmenides: ein Denken von Seiendem. Ein Denken von Nichtseiendem bedeutet dem Griechen: Falsches denken, und also überhaupt nicht »denken«. Denken ist nicht »ausdenken«. Das später, von der Sophistik an, oft diskutierte Problem der Existenz einer Vorstellung oder der Vorstellbarkeit eines Nichtexistenten[46] liegt ganz außerhalb des hier Gemeinten. Es handelt sich vielmehr um die Denkbarkeit – und also die Möglichkeit – des Nicht-seins, in dem oben erläuterten Sinne von »seiend-sein«.

Wenn nun Parmenides fragt, »welche Wege allein zu denken sind«, so sind das nicht nur hypothetische Möglichkeiten, sondern die beiden wirklichen Möglichkeiten, vor die das Denken sich gestellt sieht, und wie er sie an späterer Stelle als Alternativwahl des Denkens wiederholt: »Es ist, oder es ist nicht« (8.16). Der zweite Weg wird, wie ich meine, nicht als »völlig unerkundbar«, sondern als »nichts erkundend« verworfen. Das Falsche dieses Weges liegt darin, daß er zu keinem Ziel führt, daß er »nicht mit Erfolg zurückzulegen ist« (2.7), da er »keinerlei Erfahrung einbringt«. Der zweite Weg unterscheidet sich in bezug auf seine Denkbarkeit durchaus von dem

43 Dies Mißverständnis z. B. bei Verdenius 36.

44 Über den das Deutsche nur in Wendungen wie »es ist zu *denken*« verfügt; Guthrie II 14 »is for thinking and for being«.

45 s. von Fritz (2)

46 Gorgias (VS 82) Fr. 3 § 79

dritten, der kein Denken, sondern ein Irren ist, und dessen Aussage des Widerspruchs durchaus nirgends zugelassen wird – während die Aussage »es ist nicht« schon im Satz des ersten Weges, als Negation der Negation, steht: »es ist nicht (möglich), daß nicht . . .«, und dann bedeutend am Schluß des Beweises wiederkehrt: »Nichts ist nicht«.

Damit aus dem Satz: «das Nichtseiende kann man nicht den- Fr. 6. 1 - 2
ken« (2.7), dieser Satz folgt: daß »Nichtseiendes nicht ist« (6.2), scheint nur ein Glied in der Beweiskette zu fehlen, nämlich: *daß nur das Denkbare ist*, das heißt, Fragment 3. Die drei Fragmente würden sich so zu einem lückenlosen Beweis zusammenschließen[47] – ob sie auch im Text lückenlos anschlossen, ist nicht auszumachen. Der Beweis hat die Form der Dichotomie, wie sie Parmenides dann wieder bei der Bestimmung des Seienden (8.6–21) anwendet.

2.2	Prämisse A:	Exklusiv-Disjunktion
2.3		I »es ist«
2.5		II »es ist nicht«
2.6 ff.	Exklusionsbeweis gegen II:	
2.7	Prämisse B^1:	Nicht-seiendes kann nicht gedacht werden (folgend aus:)
3	Prämisse B:	denn dasselbe kann gedacht werden und sein. (Daraus folgend:)
6.1	Prämisse B^2:	Seiendes (weil denkbar) kann sein.
6.2	Konklusion	(C) aus B und B^1: Nichts ist nicht.
8.2	Konklusion	(D) aus A und C: (Seiendes) ist.

Hiernach ist das Ergebnis des Ausschließungsbeweises der Satz, mit dem er schließt (6.2): »Nichts (d. h. was nichts ist) *ist* nicht«[48] – hervorgehoben noch durch die abschließende Er-

47 Vgl. Verdenius 35
48 Andere Analysen des syllogistischen Beweisganges bei Verdenius 37 ff. und Mansfeld 56 ff., 80 ff.

klärung: »das nimm dir zu Herzen!« Er wird, zusammen mit der Prämisse A, wiederum zur Prämisse des ganzen Disjunktivbeweises, der aber erst am Anfang des Fragments 8 geschlossen wird.

Darf die Form des Beweises, trotz dem fragmentarischen Bestand des Textes, für sicher gelten, so bleiben Zweifel über den Sinn des Einzelnen wie des Ganzen. Nach dem gegebenen Schema würden die Sätze des Anfangs: »es ist« und »es ist nicht«, am Ende ihre substantiellen Subjekte erhalten, und der ganze Beweis erscheint so als eine Suche nach den Subjekten der anfangs noch leeren Aussageformen. Es muß aber bemerkt werden, daß gerade in der Hauptkonklusion im 8. Fragment der entschiedene Satz in seiner »subjektlosen« Form wiederkehrt: »es ist« (8.2). Er muß also in dieser Form die Substanz des von Parmenides Gemeinten enthalten. Das heißt aber, daß in Fragment 6.1, wo der Satz schon in seiner Form »mit Subjekt« vorkommt: »daß Seiendes ist«[49], es nicht um die Bestimmung des noch fehlenden Subjekts gehen kann. Der Satz gehört hier vielmehr in die Bestreitung negativer Aussagen: es wird im Gang des Beweises die Klärung darüber herbeigeführt, was mit den beiden Sätzen der disjunktiven Prämisse (2.3–5) eigentlich gesagt ist: das Sein eines Seienden mit dem ersten, das Sein eines Nichtseienden mit dem zweiten – und das zu sagen und zu denken, ist unmöglich. An sich könnte daher der Schlußsatz (6.2) auch übersetzt werden: »ein Nichts *kann* nicht sein«[50]; doch gehört er in dieser Form eher noch in die *Argumentation* gegen das Nichtseiende, und könnte so zwischen Fragment 3 und 6 seinen Platz gehabt haben; während das abschließende und »zu beherzigende«

49 Die von Engländern vorgezogene Übersetzung »Was man sagen und denken kann, muß sein« – grammatisch möglich, aber etwas schwierig – paßt in den Syllogismus fast noch besser. Vgl. Hölscher 98
50 So Burnet 159, Kirk-Raven 270, Guthrie II 20

Ergebnis (6.2) doch wohl heißen muß: »Nichtseiendes *ist* nicht«.

Zwischen die Ausschließung der Möglichkeit, daß etwas »nicht ist«, und die Konklusion »es ist« schiebt sich die Warnung noch vor einem anderen Weg, der unter den »denkbaren« nicht mit angekündigt war, und um den es doch bei jener Ausschließung eigentlich geht: vor dem Weg »der Sterblichen«. Dieser Weg der Sinnlichkeit, nach dem Weg des Nichtseins der »zweite«, vor dem die Göttin warnt (6.4), ist also der dritte unter den wählbaren; als »dritter Weg« wird er in der wissenschaftlichen Diskussion benannt und soll auch hier so heißen.[51] Ein Drittes sollte es freilich nach dem logischen Schema des Disjunktivbeweises gar nicht geben. Aber eben dies ist offenbar die logische Funktion des dritten Weges: die des tertium exclusum.[52] Hier wird nicht, wie bei dem zweiten, und dann bei dem ersten Weg, einem Gedanken argumentierend nachgegangen; dieser Weg, auf dem die Sterblichen schwanken, ist nicht »zu denken« (2.2), er ist eine haltlose Irrfahrt. Wie sie hier benannt werden: unwissend, ohnmächtig, taub und blind, urteilslose Haufen, macht deutlich, daß die Menschen in ihrer Allgemeinheit, nicht bestimmte philosophische Gegner gemeint sind.[53] Es sind die Attribute, mit denen in archaischer Dichtung das menschliche Wesen dem göttlichen entgegengesetzt wird.[54] Dahin gehören auch die Prädikationen des Irrens, Treibens, Umkehrens. Schließen sich die alten Lyriker und Elegiker in dieses Menschenwesen als das allge- 6.3-9

51 Diejenigen, die in dem »dritten Weg« die Lehre Heraklits oder anderer Philosophen erblicken, erkennen die »Meinungen der Sterblichen« in dem »zweiten Weg«, der demnach darin bestünde, »daß es *auch* Nichtseiendes gebe« (Kranz 1173 f. nach Diels (1) 69; ähnlich Schwabl 66 f., Tarán 76 f.); während der dritte nur einen Nebenweg des zweiten darstelle.

52 Schwabl, Anz. 1956, 147

53 Nach Reinhardt 68 ff.: Verdenius 56, Gigon (Unters. z. Heraklit 32), Jaeger 101 A. 36, Fränkel (2) 404, Mansfeld 32, Guthrie II 23

54 Mansfeld 3–32

meine Schicksal mehr oder weniger ein, so gehört es zur Geste des archaischen Philosophen, daß er sich von allen als der Eine ausnimmt. Die alte Topik nimmt den Ton des Stolzes und der Verachtung an. Zugleich wird sie nach den besonderen philosophischen Motiven akzentuiert: bei Heraklit nach der Paradoxie des »offenbaren Geheimnisses« des Logos (»hörend sind sie wie Taube«), bei Empedokles nach dem Muster der Einweihungen (»nicht geschaut von den Menschen noch gehört ...«).[55] Bei Parmenides bekommen die traditionellen Prädikate der »Blindheit« und »Taubheit« den präzisen erkenntniskritischen Sinn und sind nicht zu trennen von den gleich folgenden Ausdrücken »nichts erblickendes Auge« und »dröhnendes Ohr«, mit denen die menschliche Sinnlichkeit generell charakterisiert ist (Fr. 7). Zu den bildlichen Prädikationen tritt die erläuternde philosophische: »für die Menschen gilt Sein und Nichtsein dasselbe und nicht dasselbe, gibt es bei allem einen umgekehrten Weg«.

Dieser Satz galt und gilt noch manchem Interpreten als eine polemische Formulierung der Lehre Heraklits[56], womit die Worte über die »Sterblichen« zu einer Invektive gegen eine einzelne Philosophenschule würden. Zumal das Wort von dem »umgekehrten Weg« schien direkt auf ein Heraklitwort anzuspielen: »zurückkehrende Fügung wie bei Bogen und Leier«[57]. Das Wort ist jedoch bei Heraklit nicht sicher; eine andre Überlieferung besagt: »zurück*gespannte* Fügung« – und die Spannung scheint genauer zum Bild von Bogen und Leier zu gehören, während das Bild des Weges die »Umkehr« fordert.[58]

55 Heraklit (VS 22) Fr. 34, Empedokles (VS 31) Fr. 2

56 Nach Bernays, Ges. Abh. I 62 A. 1: Diels (1) 68, Burnet 165, Kranz 1174, Mansfeld 41 (anders 32), Tarán 62, 69. Bestritten von Reinhardt 200 ff., Stenzel 56 f. Polemik gegen die gesamte jonische Philosophie nimmt Schwabl an.

57 Heraklit (VS 22) Fr. 51

58 s. Zeller I 2, 827, Burnet 120 A. 3, Gigon Unters. z. Her. 23, Snell Heraklit 18, Verdenius 78, Kirk Heraclitus 203, 210–216.

So liegt eine Übereinstimmung vermutlich gar nicht vor. In jedem Fall gehört auch das Motiv der Umkehrung zu den alten Topen von der Wechselhaftigkeit des Schicksals, und erhält hier seine philosophische Prägnanz als das Bild, worunter aller Wechsel von Werden und Vergehen verstanden wird. Von der heraklitischen Lehre der Koinzidenz der Gegensätze ist hier keine Rede.

Dasselbe gilt von der »Identität von Sein und Nichtsein«. Auch sie ist auf Heraklits Formulierung bezogen worden: »In dieselben Flüsse steigen wir ein und steigen wir nicht ein, wir sind und sind nicht«[59]. Aber das Paar »Sein und Nichtsein« kehrt zusammen mit »Werden und Vergehen«, »Ortswechsel und Farbveränderung« in der summarischen Aufzählung der Phänomene der Sinnlichkeit am Ende des ersten Teiles (8.40) wieder, wo die Beziehung auf eine fremde Lehre ausgeschlossen ist. Um die parmenideische Interpretation der Sinnlichkeit handelt es sich also auch hier. Sie besagt, daß in den Erfahrungsurteilen der Menschen sowohl Sein als Nichtsein eines Wesens angenommen werde. Hierbei kann sowohl an negative Urteile (»etwas ist nicht...«) wie an bestimmte Prädikationen (die das Nichtsein des Gegenteils implizieren) gedacht sein, vor allem aber an alle Aussagen von Vorgängen (»ein Seiendes wird etwas Anderes ...«). Daß dabei eine eigentliche Identität – und Nicht-Identität! – von Sein und Nichtsein gemeint sei – wie es allerdings allgemein verstanden wird – bezweifle ich[60]: das hier gebrauchte Verb »gelten« heißt in der älteren Sprache noch nicht »für etwas gehalten werden«, sondern »in Brauch und Geltung sein«[61]. Daß Sein und Nichtsein bei den Menschen gleiche Geltung – und andrerseits nicht die gleiche Geltung haben, ist ohne weiteres verständlich. Von

59 Heraklit (VS 22) Fr. 49 a. Die Authentizität des Wortlauts ist bestritten von Gigon Unters. z. Her. 33, 106 f. und Kirk Heraclitus 373 f.

60 Mit anderer Erklärung schon Reinhardt 87 A. 1

61 s. Heinimann, Nomos und Physis 74 ff.

dieser Widersprüchlichkeit bekommen die Prädikationen des »Schwankens«, des »Doppelköpfigen«, der »Unentschiedenheit« ihren präzisen Sinn. »Dahintreiben« wird noch bei Platon das Stichwort der sinnlichen Erscheinungswelt sein.[62]

Fr. 7 Von der Widerlegung dieses »Weges der Sterblichen« ist nur ein Satz erhalten, der Anfang des 7. Fragments.[63] Er scheint sich einfach auf die Widerlegung des zweiten Weges zu berufen: daß Nichtseiendes nicht ist. Die Widerlegung des dritten Weges geschähe demnach dadurch, daß von der Doppelposition von Sein und Nichtsein das letztere als bereits widerlegt aufgehoben wird; und der dritte Weg selber bestünde in der irrigen Kombination des zweiten mit dem ersten Weg.[64] Das ist möglich. Aber die Argumentation, soweit sie aus dem einen Vers noch zu erkennen ist, scheint noch eine bestimmtere Beziehung auf die besondere Denkweise des dritten Weges zu haben, nämlich auf die Kategorie der Veränderung. In der hier vorgelegten Übersetzung besagt der Satz, daß »Nichtseiendes nicht zum Sein gezwungen werden kann«. Dies eben wäre nach Parmenides das Phänomen des Werdens. Daß es sich an dieser Stelle um die Vielheit der dinglichen Welt, nicht mehr um die Analyse des Nichtseienden[65] handelt, zeigt auch der Plural an, in dem hier von »Seiendem« geredet wird.

Die folgenden Verse sprechen bereits die abschließende Warnung aus, wobei, wenn es noch nötig wäre, deutlich wird, was mit dem dritten Weg ausgeschlossen wurde: das Vertrauen auf die sinnliche Erfahrung und den Trug der Sinne. Ihnen gegenübergestellt wird das logische Denken als Urteilsinstanz.

62 Kratylos 4116, 7. Brief 325 e, vgl. Phaidon 79 c

63 Guthrie II 21, Mansfeld 91, 92 A. 1 schließen Fr. 7 unmittelbar an 6 an. Doch scheint mir 7.1 nicht das Ende von Fr. 6 zu begründen.

64 So Reinhardt 36 ff. Dagegen Schwabl 69.

65 Nach Reinhardt 45 f. gehörte 7.1–2 zum »zweiten Weg«, vor Fr. 6. Auch Fränkel (3) 404 A. trennt die beiden Verse vom Rest des Fragments.

Den bisherigen Teil der Rede nennt die Göttin »Widerlegung«, und kennzeichnet damit seine Funktion in dem Disjunktivbeweis. Widerlegt ist das Sagen und Denken des Nichtseins; widerlegt ist der Gewohnheitsglaube der Sinne an Sein und Nichtsein. Bewiesen ist, als das allein Übrigbleibende, die Aussage des ersten Weges: es ist.

Das Bild des Weges wird beibehalten, ja kommt erst jetzt Fr. 8. 1–4
eigentlich zur Geltung, da der Weg beschritten wird: »Kennzeichen«, die »zahlreich an dem Wege stehn«, sind die Wegmarken des Seienden, an denen das Denken, vom einen zum anderen, fortschreitet. Weg, Gang der Rede und des Denkens werden eins. Es fällt auf, wie gesagt[66], daß der Begriff des Seienden hier nicht als Gewinn und Ergebnis des Beweises formuliert und herausgestellt wird, statt dessen der Satz des ersten Weges nur in seiner subjektlosen Form wiederkehrt: es ist. Daraus geht hervor, daß im nächsten Satz das »Seiende« noch unterminologisch gebraucht wird und lediglich die Aussage, »daß es ist«, aufgreift, in dem Sinne: »wenn es ist« ... (»dann ist es ungeworden« etc.). Das Seiende tritt vielmehr erst im Laufe der folgenden Deduktion schrittweise in seiner Substantialität hervor, indem es seine einzelnen Kennzeichen auf sich vereinigt. Diese werden zunächst einfach und ohne Begründung aufgezählt: 1) ungeworden und unvergänglich, 2) ganz und »ein-artig«, 3) unerschütterlich und »nicht ohne Vollendung«. Mit dem Folgenden: »Und weder war es einmal, noch wird es (einmal) sein, da es jetzt ist ...« tritt man bereits in die Argumentation für das erste Prädikatspaar ein. Blickt man von hier aus auf den folgenden Beweisgang voraus, so lassen sich in seinen drei Deduktionen (v. 5–21, 22–25, 26–33) offenbar die »Kennzeichen« der anfänglichen Aufzählung, wörtlich oder in Synonymen, wiederfinden. Seine Disposition entspricht der Ankündigung. Das heißt aber, daß

66 Oben S. 84

auch von den später gewonnenen Prädikationen her die Prädikate der Ankündigung interpretiert werden dürfen. »Einartig« heißt das Seiende nicht, um ein Zweites auszuschließen, sondern als ein Homogenes, Einheitliches (v. 22–25). Sodann ist die doppelte Negation im Prädikat »nicht unvollendet« (8.4), gegen den überlieferten Text, vom Wortsinn und vom Schluß des Beweisganges gefordert, weil sonst etwas Bewiesenes (8.30 ff.) nicht angekündigt wäre; auch weil eine ganz uneinsichtige Verwirrung und Doppelung in der Ankündigung entstünde.[67]

8.5-11 Die erste Deduktion, die auf die Bestreitung von Werden und Vergehen hinausläuft (8.21), geht vom reinen Begriff des Seins als Gegenwärtigkeit aus – wobei mit der zeitlichen Einheit im »Jetzt« auch die räumliche Einheit des Kontinuums gleich mitgedacht wird, die zur zweiten Prädikation gehört. Mit der Negation von Vergangenheit und Zukunft wird nicht etwa die Dauer des Seienden negiert und auf ein zeitloses Jetzt beschränkt[68], negiert wird vielmehr das Vergangensein und das Zukünftigsein des Seienden. Die ewige Dauer des Seienden wird nachher ausdrücklich ausgesprochen (8.30 und 36).

Der Beweis beginnt mit der Frage, die das erste Prädikat aufnimmt: Welcher Ursprung des Seienden wäre denkbar? Die Frage selber, mehr noch ihre erläuternde Wiederholung: »wie und woraus gewachsen?« verlangt doch wohl die Prüfung und Ausschließung wenigstens zweier Möglichkeiten[69]; sähe Parmenides überhaupt nur die eine Möglichkeit des Werdens, nämlich die aus Nichtseiendem, so müßte diese, als die einzige, ganz anders eingeführt werden, als es geschieht. Den zwei

67 Owen 102

68 So Untersteiner 134, 181, Guthrie II 29, Mourelatos IV; dagegen Tarán 175 ff. Die Dauer des Seienden wird vorausgesetzt Fr. 8.9 f., 36 f. Vgl. unten Anm. 80

69 d.h. in Vers 12 ist mit Reinhardt 42 »aus Seiendem« zu lesen.

Möglichkeiten entspricht auch das überlieferte »Weder ...«, dem Vers 12 mit »Auch nicht ...« antwortet.
Die beiden Möglichkeiten sind: Werden aus Nichtseiendem, und Werden aus Seiendem[70]: mehr Möglichkeiten gibt es nicht. Die kontradiktorische Disjunktion, die Parmenides schon im zweiten Fragment anwendete, tritt hier in die Funktion des totalen Ausschließungsbeweises. Die beiden Möglichkeiten sind aber nicht nur logisch-theoretischer Art, sondern entsprechen dem zweierlei Sinn, in dem »werden« landläufig gesagt wird: erstens im strikten Sinn des Entstehens, wie: »es wird Licht«, zweitens im Sinn der Veränderung, wie: »er wird alt«. Es wäre ganz unwahrscheinlich, daß Parmenides den zweiten Fall überhaupt nicht bedacht hätte.
Die erste Möglichkeit: Entstehen aus Nichtseiendem, wird mit zwei Gründen abgewiesen: 1) wegen der Undenkbarkeit des Nichtseienden, 2) wegen des fehlenden Grundes für den Wechsel vom Nichts zum Sein in einem beliebigen Zeitpunkt. In der abschließenden Alternative: Sein oder Nichtsein – konsequent nur aus dem zweiten Argument entwickelt – ist das Nichtsein nicht als wirkliche Möglichkeit gemeint. Das entscheidende Ergebnis ist: Sein oder Nichtsein, und nichts dazwischen! Das heißt: die Ausschließung des Werdens.
Die zweite Möglichkeit wäre: Werden aus Seiendem[71], so daß 8. 12-21
etwas Anderes wird. Der griechische Ausdruck scheint zuerst zu bedeuten »etwas neben dem Seienden«. Aber die Argumentation richtet sich nicht gegen »ein Anderes neben dem Seienden« – sie müßte argumentieren: neben dem Seienden gibt es nichts Anderes; aber das spielt hier keine Rolle – sie

70 Wir legen Reinhardts Konjektur zugrunde.
71 Daß es sich um diesen Fall handelt, erkennen auch diejenigen an, die »Werden aus Nichtseiendem« (s. Note z. griech. Text Fr. 8.12) lesen, Gadamer (1) 63, Mourelatos IV. Sie kommen dann in die Lage, in der Formulierung des zweiten Falles selber bereits seine Widerlegung sehen zu müssen: Veränderung oder Wachsen wäre per se ein »Werden aus Nichtseiendem«, was unmöglich sei: siehe 1. Beweis ...

richtet sich vielmehr gegen das Werden selber. Dike, das heißt die Richtigkeit der Konsequenz, oder die Logik des Wesensnotwendigen[72], verhindert es, daß »Seiendes« »wird«, und ebenso – womit die erste Prädikation jetzt vollständig wird – daß es »vergeht«. Der Ausdruck »etwas außer ihm« bedeutet also nicht »etwas Zweites«, sondern »etwas über es hinaus«, und bezeichnet damit den Prozeß des Werdens selber: aus Seiendem kann nichts Anderes werden.

Der Gedanke hat, an dieser gefährlichsten Stelle, nichts als die »Richtigkeit« für sich. Darum beruft er sich auf die allererste Wegentscheidung und bekräftigt noch einmal, daß sie »notwendig« und »richtig« war, um ganz sicher zu gehn auf dem Weg des »Seins«. »Sein« wird jetzt beim Wort genommen; das beim Wort genommene Seiende ist das von Dike »gefesselte«:

Wenn es also »ist«, »wie könnte es dann vergehn!«[73] – das logische »dann« (die Kondition des »Seins« implizierend) ist in der Argumentation kaum zu missen. Vergehen schließt Nichtsein ein. Demgegenüber erfährt das Werden eine speziellere Widerlegung, da es zwei Aspekte hat, nach der Vergangenheit und nach der Zukunft. Von beiden hat der letztere die einfachere Evidenz: Ein Werdendes, das künftig einmal sein wird, ist nicht »seiend«. Der Widerspruch in der anderen Kondition ist schwerer zu fassen. Mit »Wenn es wurde« wird nicht das Gewordensein ins Auge gefaßt – das Nichtsein des Gewordenen wäre noch nicht evident. Zugrunde liegt vielmehr noch immer der zweite Fall der Disjunktion: daß ein Seiendes etwas Anderes wird. Neben dem Werden in die Zukunft hier also das Werden aus der Vergangenheit: Dasjenige, das etwas »wurde«, ist kein »Seiendes«. Das beim

72 s. Fränkel (1)² 165

73 Die Lesung »Wie könnte es später sein?« (s. Note z. griech. Text) läßt die geforderte Antithese zur zweiten Frage vermissen. Mourelatos IV, der in 14 ff. den Beweis gegen »Zunahme« erblickt, läßt mit V. 19 einen dritten Beweis gegen Veränderung schlechthin beginnen.

Wort genommene Seiende schlägt Werden und Vergehen aus dem Felde.

Auch die folgenden Prädikationen schließen sich alle an den im ersten Beweis zugrunde gelegten strikten Seinsbegriff an und gehen aus ihm hervor: nach der Widerlegung der zeitlichen Diversität die der räumlichen. Es kann kein Zweifel sein, daß Parmenides mit dem »mehr« oder »weniger« Seienden die Phänomene des Festen und Dünnen, letztlich aber alle sinnliche Verschiedenheit überhaupt im Auge hat.[74] Indem er Verschiedenheit als Gradunterschiede des Seins versteht, wird sie am Begriff des Seins selber zunichte. 8. 22-25

Der Begriff des Vollen scheint mir den Begriff des Leeren zu fordern, wie er dann von den Nachfolgern physikalisch entwickelt worden ist.[75] Bei Parmenides begegnet er jedoch noch nicht; mag er im Begriff des Nichtseins mitenthalten sein, so herrscht doch der logische Aspekt vor: mit der »Fülle« des Seienden ist Verschiedenheit, und das heißt: Vielheit ausgeschlossen. Weil es »Eines« ist (8.6), das heißt »gleichartig« (8.22), ist es »ungeteilt« – das Problem der Teil*barkeit* ist hier offenbar noch nicht gestellt.[76]

Das Folgende ist durch einen gewissen sprachlichen Absatz markiert, auch durch die zunehmende Bildlichkeit der Sprache. Das Prädikat der Unbeweglichkeit scheint durch die folgenden: »anfanglos«, »endelos«, mehr erklärt als ergänzt zu werden; wie denn auch die anschließende Begründung auf die Widerlegung von »Werden« und »Vergehen« (d. h. eben »Anfangen« und »Enden«) zurückverweist. Das bedeutet, daß »unbeweglich« hier vor allem die Unveränderlichkeit meint.[77] Andrerseits geht aus dem alsbald folgenden Korollar 8. 26-33

74 Die Beziehung auf zeitliche Kontinuität, Owen 93, 97, Untersteiner 149, überzeugt mich nicht.

75 Eleatisch negativ: Empedokles (VS 31) Fr. 17.33, Melissos (VS 30) Test. 8; positiv: Leukipp (VS 67) Test. 6, Pythagoreer (VS 58) Test. B 30

76 Vgl. Calogero, Ann. Scuola Sup. Pisa II 5 (1936) 168

77 s. Fränkel (1)[2] 194. Anders Guthrie II 36

über die sinnlichen Prädikationen (8.41) hervor, daß außer der Verwandlung auch die räumliche Bewegung als widerlegt gilt. Das Prädikat der Unbeweglichkeit hat also bereits die Bedeutungsbreite, in der bei Aristoteles das Phänomen der »Bewegung« gesehen wird. Eine eigene Widerlegung der Ortsveränderung fehlt durchaus; das heißt, daß sie dem Parmenides als ein Prozeß der Veränderung mit den ontologischen Argumenten widerlegt erscheint.[78] Die Unveränderlichkeit ist es, die zu dem entscheidenden positiven Prädikat führt, das allen bisherigen Prädikationen als der gemeinsame Begriff innewohnt: dem Begriff der Identität. Der sprachliche Ausdruck bleibt in der räumlichen Kategorie des »Unbewegten«: »am selben (Platz) verharrend«. Die Phrase gehört der Umgangssprache an und wurde schon da im weiteren Sinne, und besonders in der Negation von der Unbeständigkeit der menschlichen Dinge gebraucht.[79] Das Begriffliche tritt erst hervor, indem Parmenides das »Selbe« in der Form der Anapher herauszieht: »Als Selbiges im Selbigen verharrend«. Es bekommt damit die Bedeutung der unveränderlichen Dauer. Ich sehe keinen Grund, das parmenideische Seiende für zeitlos zu halten.[80]

Nicht vom Seienden, als dem Selbigen, sondern von der Gottheit hatte Xenophanes diesen Ausdruck gebraucht: daß er »immer an der selben Stelle verharre, ohne sich zu bewegen«. Die Übereinstimmung ist für Abhängigkeit in der einen oder anderen Richtung genommen worden.[81] Xenophanes hatte den Ausdruck ganz handgreiflich gemeint[82]:

78 s. Kirk-Stokes, Phronesis 1960, 2

79 Herodot I 5 vom Glück, das »niemals im selben (Zustand) dauert«.

80 Und also auch keinen Einwand gegen Fränkels Lesung »wird verharren« (1)² 191 A. 1. Siehe o. S. 90 und Anm. z. Übers.

81 Dem doxographischen Schema folgend (s. S. 61) gilt den meisten Parmenides als der abhängige. Das umgekehrte Verhältnis nimmt Reinhardt (124) an.

82 VS 21 Fr. 26 und 25

»Es ziemt sich für ihn nicht, bald hier bald dahin zu gehen;
sondern ohne Anstrengung bloß mit dem Denken des Geistes erschüttert er alles.«

So wenig dieser Gott des Xenophanes die ontologischen Qualitäten der Identität und Unveränderlichkeit besitzt, so wenig hat das parmenideische Seiende mit den theologischen Prädikationen der Allmacht zu tun. Die Übereinstimmung des Ausdrucks bedeutet bei der Geläufigkeit der Wendung wenig. Wahrscheinlich ist beides voneinander unabhängig.

Anders ist es schon, wenn der sizilische Komödiendichter Epicharm (in den siebziger Jahren des Jahrhunderts) dieselbe Wendung im Zusammenhang einer komisch-philosophischen Argumentation gebraucht: in der Ausrede des Schuldners, der seinem Gläubiger beweist, daß er nicht mehr »derselbe« sei[83]:

»Was sich in seinem Wesen ändert und niemals im selben verharrt,
das ist ja denn wohl etwas anderes als das Veränderte.«

Wie bei Parmenides, so ist auch hier mit dem »selben« die Kategorie der Veränderung gemeint. Auf den Begriff der Veränderung, nicht der Bewegung, zielen auch die Phänomene des Wachsens und Schwindens, aus denen sich das Argument des komischen Beweises nährt. Die Verwandtschaft mit dem parmenideischen Beweis gegen das Werden ist kaum zu verkennen. Allerdings sind die Epicharmverse lange auf die – mißverstandene – heraklitische Flußlehre bezogen worden. Doch hat Heraklit nicht gelehrt, daß wir im »Fluß der Dinge« niemals dieselben seien, sondern das gerade Gegenteil: die Koinzidenz der Gegensätze, die Identität im Wechsel.[84] Dagegen gehört die Anschauung der sogenannten

83 VS 23, Fr. 2.9
84 s. Reinhardt 120

Herakliteer vom unaufhörlichen Wechsel zur eleatischen Schuldoktrin über die sinnliche Welt.[85]

Wenn demnach die Komödie Epicharms eine Parodie auf parmenideische Argumentationen darstellt, so ist der Schluß erlaubt, daß das »Selbige«, als Prädikation des Seienden, in der Negation auch bei Parmenides für die Welt des Scheins galt, und dort vielleicht seine eigentliche Anwendung fand: der Schein ist »nie derselbe«, er ist »was nie im selben Zustand verharrt«.

In der Negation der sinnlichen Phänomene ist, wie gesagt, mit dem Begriff der Identität immer die Bewegungslosigkeit mit gemeint. So wäre es denkbar, daß der Ausdruck »als Selbiges im Selbigen verharrend« zur Identität die Kategorie der Unbewegtheit im Raum hinzufügt. Dafür scheint der Begriff der »Grenze« zu sprechen, mit dem sie begründet wird. Es ist eine dreifach gestufte Begründung: es muß »verharren«, weil Ananke es in Fesseln einer Grenze hält; die Grenze umschließt es, weil das Seiende »nicht unvollendet« sein darf; es darf es nicht, weil es nicht bedürftig ist. Nun hat das Wort »unvollendet« niemals räumlichen Sinn, sondern bedeutet, daß ein Versprechen nicht erfüllt, eine Arbeit nicht vollbracht ist[86]. Es zielt also auf ein Werden. Auch der Gedanke, daß dem Seienden »nichts fehlt«, scheint nicht primär auf eine räumliche Begrenztheit zu zielen, sondern auf die Vollendung. Denn nicht daß einem *Unbegrenzten*, wohl aber daß dem *Werdenden* etwas fehlt, leuchtet unmittelbar ein. Danach ist vorläufig zu sagen, daß die Grenze, die dem Seienden gezogen ist, das verhindert, was Thema dieses ganzen Abschnittes war, die Veränderung. – Andrerseits wird der Begriff der Grenze nach wenigen Versen wieder aufgegrif-

85 Es ist die Lehre des Kratylos vom »Fluß aller Dinge«, die Platon als seine Auffassung von der Sinnlichkeit aufgreift.

86 Homer Ilias 1.527, 4.175. Vgl. Fränkel (1)² 196

fen, um daraus die vollendete Gestalt der Kugel abzuleiten; wovon sogleich.

Denn dazwischen schiebt sich ein Abschnitt, der zu den 8. 34-41
schwierigsten und meistumstrittenen des Gedichts gehört, und keine Interpretation kann den Anspruch machen, sprachlich die einzig mögliche zu sein; jede kann sich nur durch die Evidenz des Gedankens empfehlen. Parmenides redet darin vom Denken, oder Erkennen, und von seiner Beziehung zum Seienden; und scheint daran ein totales Verdikt über die Unwahrheit aller sinnlichen Phänomene anzuschließen. Der Gedankenfortschritt nach der vorhergehenden Deduktion des Seienden scheint unklar, der Zusammenhang unterbrochen, zumal da Parmenides hinterher mit der Beschreibung des Seienden fortfährt (8.42). Versuche sind gemacht worden, die Verse an eine andre Stelle zu rücken.[87] Die Aussage des ersten Satzes (8.34) wird mit der des Fragments 3 verglichen und – wie auch immer dies verstanden wird – für eine Wiederholung desselben Gedankens gehalten. Als Rekapitulation der Hauptergebnisse schien der Passus noch am ehesten verständlich.[88]

Den Gedanken des Fragments 3 sucht man gewöhnlich in der Subjekt-Objekt-Relation. Nun hat es sich schon gezeigt, daß die dort gemeinte Beziehung von Denken und Sein nicht in einer Gleichung zu suchen ist. Das Wort aber, das, am Anfang des fraglichen Abschnittes stehend, eine Gleichung auszusagen *scheint*, ist das Schlüsselwort, das am Ende der Deduktion des Seienden, entschieden hervorgehoben, sich ergab: »das Selbe«, und welches die Identität des Seienden mit sich selbst bezeichnete. Es ist unwahrscheinlich, daß Parmenides fünf Verse später, und wieder am Versanfang, dasselbe Wort in

87 Calogero, Annali d. Scuola N. Sup. di Pisa 1936, 177 A. 2

88 Fränkel (1)² 195, Verdenius 41, Kirk-Raven 277, Guthrie II 40, Mansfeld 101

einem anderen, unprägnanten Sinn gebraucht.[89] Daraus ergibt sich die Interpretation:

Das Seiende, das sich als das Selbige gezeigt hat, ist, als ein immer Identisches, erkennbar – das Werdende, als unidentisch, ist unerkennbar. Die Selbigkeit des Seienden ist es, wodurch und weshalb[90] eine Erkenntnis wahr ist. Im Seienden besteht die Richtigkeit einer Aussage. Ohne das Seiende gibt es keine Erkenntnis. Denn außer dem Seienden besteht nichts wahrhaft.

Hierzu ist wieder an zweierlei zu erinnern: Erkennen ist nicht nur Apperzipieren, sondern verstehendes Denken; als Denken ist es nicht nur Vorstellen, sondern Denken des »Seienden«. Zweitens: »Sein« ist in erster Linie weder »existieren« noch »ein Prädikat haben«, sondern »seiend sein«, das heißt: »Bestand haben, wahr sein«. Man sagt: »er spricht das Seiende«, das heißt: er redet die Wahrheit. Ein Logos »ist«, heißt: die Rede ist »seiend«, sie ist wahr. Daher kann Parmenides sagen: »ein Gedanke ist«, das heißt: er ist ein »seiender Gedanke«, er ist wahr. Und zwar besteht seine Wahrheit in dem Seienden, das er denkt. Desgleichen »ist« eine Aussage und hat Bestand nur im Seienden.

Die Beziehung, die hier zwischen dem Denken und dem Sein aufgewiesen wird, ist also in der Tat eine ähnliche wie in Fragment 3, jedoch mit umgekehrter Absicht. Dort ging es um den Nachweis, daß nur Seiendes ist; das Seiende wies sich als das einzig Denk-Mögliche aus vor der Instanz des Denkens. Jetzt dagegen ist das Seiende mit allen seinen Kennzeichen versehen und zeigt sich zuletzt als der Grund der Wahrheit dieses Denkens: das Denken empfängt seine Gültigkeit wiederum von der Instanz des Seienden. – Der Erkenntniskritiker wird auf den Zirkelschluß dieser Argumentation

89 Vgl. G. Picht, Beitr. z. Phil. u. Wiss., W. Szilasi z. 70. Geb., 214
90 s. von Fritz (2) 237 f.

hinweisen und darauf bestehen, daß sie aus dem Kreis der Subjektivität nicht herausführe. Parmenides befindet sich in der extremen Gegenposition zur Erkenntniskritik: nicht das Sein ist im Denken verwurzelt, sondern das Denken im Sein.

So zeigt sich der Zusammenhang nach vorn und hinten klar: Die Identität des Seienden verbürgt die Wahrheit des Denkens; es ist schließlich das Seiende selber, das den *Gedanken* des Seienden und damit die ganze Lehre des Parmenides in ihrem einsamen Paradox garantiert.

Aber an dieser Stelle und spätestens hier mußte sich ihm um so aufdringlicher die Frage stellen: was ist dann die Welt? Die Antwort, die Parmenides hierauf fand, wird von den meisten als ein totales Verdikt der Wirklichkeit verstanden: sie ist Wahn und Irrtum. Und so liest man gewöhnlich den Vers, der die folgenden Prädikationen der Sinnlichkeit einleitet (38): »Darum ist alles bloßer Name, was die Menschen gesetzt haben ...« Von diesem »nichts als Name« führt keinerlei Weg zum Seienden des Parmenides; ja es bleibt unerklärlich, warum er an dieser Stelle überhaupt einen solchen Exkurs zur Scheinwelt macht – wenn er sie nämlich nicht *aus dem Seienden erklären* wollte. Das aber scheint gerade der Sinn dieser Verse zu sein: das Verhältnis zwischen Sein und Schein zu bestimmen. Es ist das Verhältnis einer »Benennung«: wobei der griechische Ausdruck nicht nur nominale, sondern auch verbale Prädikationen zuläßt[91]: »werden« und »vergehen«, »sein« und »nicht sein«, »sich bewegen« und »sich verändern«. Mit diesen Benennungen soll offenbar die Totalität möglicher phänomenaler Aussagen zusammengefaßt sein. Das Benannte aber ist das Seiende.[92] Das Seiende, das

91 Der Weg zu dieser Interpretation ist durch *L. Woodbury* und Mourelatos VII eröffnet worden. [Doch siehe jetzt Nachwort III]

92 Mit demselben Ausdruck wird dasselbe Empedokles von den Elementen sagen (VS 31 Fr. 8.4): »Ihnen sprechen die Menschen das Werden zu«.

der Grund der Erkenntnis ist, ist auch die Grundlage, auf die sich das Meinen der Menschen bezieht.

8. 42–49 Parmenides hat die Rede über das Seiende offenbar nicht mit diesem Übergang zum Schein schließen wollen; sondern anknüpfend an die letzte Prädikation des rings von einer Grenze umschlossenen Seienden entwirft er die Vision einer vollendeten Kugel, die völlig gleichgewichtig und gleichmäßig, ohne ein Mehr oder Weniger hier oder dort, unversehrt und in sich selber gleich, von der Mitte zum Umkreis sich erstreckt. Die gehäuften Prädikate nehmen die vorher einzeln deduzierten auf und vereinigen sie in einer geistigen Anschauung. Unverkennbar ist, daß der Begriff der Grenze, der vorher den Aspekt der Vollendung im Gegensatz zum Wechsel zeigte, jetzt einen räumlichen Charakter hat.[93] Daß für Parmenides beides darin begriffen wird, leuchtet ein vom ontologischen Begriff der Bewegung her, der gleichfalls den räumlichen, den qualitativen und den existentialen Aspekt vereinigt.

So ist die Anschauung der vollendeten und in ihren Grenzen ruhenden Kugel des Seienden von den vorher entwickelten Vorstellungen durchaus vorbereitet. Umstritten ist, wie weit die Anschauung vergleichsweise gemeint, ob das Bild der Kugel nur Bild ist.[94] Der Ausdruck: »gleich einer Kugel« würde das nahelegen. Indessen heißt »sphaira« an sich nicht die stereometrische Kugel, sondern der Spielball. Verglichen wird also nicht das Seiende mit einer Kugel, sondern seine Form mit einem Ball. Bei aller Entschiedenheit, mit der Parmenides das Seiende von der Sinnlichkeit trennt, deutet doch nichts darauf hin, daß er ihm das Prädikat der Ausdehnung – ebensowenig wie das der Dauer – absprechen wollte. Im Gegenteil: die vorher gewonnenen Prädikationen des Kon-

93 s. Calogero 25
94 So Fränkel (1)^2 195 f.

tinuums haben einen Sinn nur in der Dimension des Raumes. So gibt es auch keinen Grund anzunehmen, daß Parmenides mit dem »Seienden« eigentlich ein Abstraktum, das »Sein« gemeint habe.[95]

Wenn also die Kugel hier nicht nur Gleichnis ist, hat der Begriff der Grenze für Parmenides neben der ontologischen zugleich auch räumliche Bedeutung. Solche Mehrdeutigkeit eines Begriffs ist keineswegs unwahrscheinlich. Man hat sich vor allem des »Unbegrenzten« des Anaximander zu erinnern, das an sich die räumliche Vorstellung eines unendlich tiefen und »allumgebenden« Wesens enthält, zugleich aber die der unbegrenzten Erzeugungskraft eines unerschöpflichen Vorrats, woraus auch die Prädikationen der unbegrenzten Dauer, der anfangs- und »alterslosen« »Ewigkeit«, der »Unsterblichkeit« und Allmächtigkeit gewonnen werden. Bei Parmenides ist es aber umgekehrt: aus dem ontologischen Begriff der Vollendung wird der Begriff der Grenze gewonnen, die aus der Eigenkraft ihrer Begrifflichkeit zur Konzeption der vollkommenen Form führt.

Der Gegensatz zu dem Anaximandrischen Begriff des »Unbegrenzten« legt die Vermutung nahe, daß Parmenides mit seiner Konzeption des Seienden diesem jonischen Weltbild vor allem widersprechen wollte.[96] Die Lehre Anaximanders ist ohne Zweifel zur Zeit des Parmenides weithin bekannt gewesen. Werden und Vergehen waren ihr zentrales Thema. Der Grund alles Werdens wurde in dem »Unbegrenzten« gefunden als dem »Ursprung« (arché). Dieser Ursprung war, dank seinem eigenen Begriff, selber dem Vergehen entzogen; nicht aber dem Werden: in zyklischen Zeitläuften »wurden« aus ihm Welten, die jeweils ihre periodische Zeit haben. Gerade dies unaufhörliche Werden war ein anaximandrisches Argu-

95 s. Jaeger 124, gegen Fränkel
96 s. Fränkel (1)² 191–4

ment für die »Unbegrenztheit« des Ursprungs: »damit das Werden nicht aufhöre«.[97] Das Werden der Welt erklärte Anaximander als Absonderung eines »Keimes«, der wächst wie ein Baum. Wir stehen da offenbar noch einem naiven Begriff von Werden gegenüber. Weder über den Grund des Anfangs des Werdens gibt er sich Rechenschaft noch über die Möglichkeit des Wachsens, noch über die Erhaltung des Stoffes. Über zwei logischen Sätzen bricht dieses Weltbild zusammen: Aus Nichts wird nichts, und: Es ist oder es ist nicht.

Daß Parmenides Anaximander im Auge hatte, kann nicht strikt bewiesen werden. Aber seine eigene, im zweiten Teil folgende Kosmogonie beweist, daß er nicht nur in Hesiods, sondern auch in einer wissenschaftlichen Tradition steht, und dafür kommen nur die Milesier in Frage. Was er zunächst gegen das ewig Werdende setzt, ist das Seiende. Und die daraus abgeleitete »Grenze« scheint er ausdrücklich dem Terminus des »Unbegrenzten« entgegenzusetzen. Dieses selber tritt dabei in bezeichnender Umbenennung auf: als das »Unvollendete«. Das von Anaximander mit allen Prädikaten der Göttlichkeit Versehene wird zu etwas, »dem es an allem fehlen würde« (8.33). Mit diesem polemischen Motiv bekäme die Schlußwendung der Deduktion des Seienden einen einleuchtenden Ton.[98]

8.50-52 So weit die »Rede über die Wahrheit«. Das trennende »Bis hierher – von hieran«, mit dem Parmenides den zweiten Teil, die sogenannte Doxa, beginnt, ist als Form der ausdrücklichen Gliederung archaisch. Wie die Göttin hier der »verläßlichen Erörterung über das wahre Wesen« die »sterblichen Meinungen« entgegenstellt, entspricht das der Disposition am Anfang

97 Aristoteles Physik III 4, 203 b 16 und 8, 208 a 8 (VS 12 Test. 14 und 15).

98 Die Übersetzung »Dem Nichtseienden würde es an allem fehlen«, Fränkel (1)² 193, ergibt keinen befriedigenden Gedankenzusammenhang (s. Guthrie II 34 und 38, vgl. Tarán 115).

ihrer Rede. Wie dort verspricht sie auch hier nicht nur Mitteilung, sondern *Erklärung* des menschlichen Meinens: »lerne verstehen ...!«[99] Die »Doxa« ist also von dem »dritten Wege«, auf dem die »Sterblichen umherwanken« (6.4 ff.), zu unterscheiden.[100] Sie hat mit ihm nur so viel zu tun, daß sie eben diese sinnliche Welt der irrenden Menschen in ihrem Wesen erklärt. Der Gültigkeit dieser Erklärung tut es keinen Eintrag, daß die Göttin ihre Rede »trügerisch« nennt: wie das Denken »seiend« ist, weil es Seiendes denkt, so teilt auch die Erkenntnis des Scheins dessen Halbwahrheit. Ähnlich wird Platon dem Seienden die denkende und beweisende Erkenntnis, dem Werdenden das unbewiesene Vermuten zuordnen.[101]

Der menschliche Irrtum beruht nach Parmenides auf einer 8. 53 - 59
ursprünglichen »Benennung« oder Namengebung. Die Benennung erfolgte in unbestimmter Vergangenheit als eine gemeinsame Entscheidung und Stimmabgabe. Die Vergangenheit ist die Form, in der der Grund des Bestehenden ausgedrückt wird. Benannt wurden »zwei Gestalten« oder »Formen«; wobei »Form« noch nicht im aristotelischen Sinn als Wesen, sondern als sinnliche Erscheinung zu verstehen ist. Es sind im eigentlichen Sinn Erscheinungsformen. Sie heißen: Feuer und Nacht. Aus diesen zweien entwickelt Parmenides im folgenden eine umfassende Physik und Kosmogonie.

Zu den schwierigsten Fragen der Interpretation gehört aber die Bestimmung, die Parmenides hinzufügt: »zwei Gestalten, von denen eine nicht benannt werden kann (oder darf)«. Will Parmenides sagen, daß das eine zu Recht, das andre zu Unrecht gesetzt worden ist? Daß also das Feuer, als Licht, das Seiende darstelle, die Nacht das Nichtseiende?[102] Die Zuord-

99 Vgl. oben S. 76
100 s. Schwabl (2) 134, Fränkel (2) 170 f., gegen Reinhardt 69
101 Timaios 28 a. Vgl. Simplicius Physik 39 (VS 28 Test. 34).
102 So Zeller I[7] 701, Diels (1) 95, Kranz (1) 1165, Vlastos 74; s. dagegen Schwabl 53

nung des Lichtes zur Wahrheit, im Proömium, schien dafür zu sprechen. Aber es verbietet der griechische Ausdruck, der nicht »die eine« (gegen »die andre«), sondern »eine einzige« bedeutet.[103] Oder meint Parmenides, rein formal, daß die Ansetzung überhaupt einer Zweiheit der Fehler war? Also »eines« zu viel?[104] Diese Auffassung wird der gleichgewichtigen Rolle von Licht und Nacht in der parmenideischen Physik gerecht. Aber man möchte erwarten, daß die Bestreitung der Zweiheit nicht durch die *Negierung* der »Eins« ausgedrückt würde.[105] Sollen wir also verstehen, daß der Fehler in einer Zweiheit liegt, die als Einheit und »Eines« nicht zu benennen ist?[106] Danach würde hinter dem ganzen zweiten Teil des Gedichts die Lehre des ersten stehn: daß das Seiende, welches die Menschen unter dem Prinzip der gegensätzlichen Zweiheit ansehen, in Wahrheit Eines ist. Erster und zweiter Teil, Sein und Schein würden zueinander in Beziehung treten. Daß Parmenides damit aus der scharfen Antithese zu Heraklit heraustreten und vielmehr in die Nähe seiner Coincidentia oppositorum rücken würde, wäre kein Einwand.[107]

Die hier vertretene Interpretation folgt im wesentlichen dieser, aber von manchen nicht geteilten Auffassung. Jedoch die oben gegebene Übersetzung des fraglichen Satzes gründet sich auf eine andere sprachliche Erklärung. Die beiden Gestalten Feuer und Nacht sind als Gegensätze komplementärer Art; demgemäß »ist es nicht möglich (oder erlaubt), nur eine einzige von ihnen zu benennen«[108]. Sie werden dadurch bestimmt,

103 s. Hölscher 106

104 So Fränkel (1)[2] 180, (2) 410, Verdenius 63, Guthrie II 54

105 Ausweg aus dieser Verlegenheit: der Relativsatz sei indirekte Rede »im Sinne der falschen Meinung«, Diels (1) 93, Verdenius (1) 62.

106 So Schwabl 52; seine Auffassung vom Verhältnis von Sein und Schein war in gewissem Sinn von Riezler vorbereitet.

107 Über die verschiedenen Interpretationen referiert Mansfeld 123 ff. Seine eigene, die zum Schlüsselpunkt seiner Gesamtauffassung wird (s. Anm. z. Übers. S. 54), scheint mir sprachlich wie sachlich unannehmbar.

108 s. Hölscher 103–7

daß das Verhältnis der Identität, das Charakteristikum des Seienden, jedes »mit sich selber hat, mit dem anderen aber das der Nicht-Identität« (8.57/8). Was Licht ist, ist »nicht Nacht«, und umgekehrt. Das heißt, die Gegensätze fordern einander.

An den besonderen Prädikationen der beiden Gegensätze fällt auf, daß die Nacht, entgegen alter mythischer Anschauung, die mit ihr das Luftige und Leere verbindet, als fest und schwer beschrieben wird; umgekehrt ist das »lichte, milde, äußerst dünne« Feuer das, wodurch die Dinge sichtbar sind. Sichtbarkeit und Körperlichkeit, als die beiden Hauptkennzeichen der sinnlichen Welt, scheint Parmenides also sehr bedacht auf beide Gegensätze gleich verteilt zu haben. Die Nacht steht an Wirklichkeit hinter dem Licht nicht zurück.

Diese Bestimmungen der Gegensätze haben für Parmenides eine logische Bedeutung insofern, als ihre Identität und Nicht-Identität der letzte Grund für alles menschliche Sagen von »Sein« und von »Nichtsein« ist; denn im »Nennen« des Lichts als »nicht Nacht« – und umgekehrt – liegt die ursprüngliche Aussage des Nichtseins vor[109], die als der »zweite Weg« am Anfang erschien und auf ihre Möglichkeit geprüft wurde. Sie haben aber auch einen ontologischen Sinn insofern, als ihre komplementäre positive Wirklichkeit ein »Nichtsein« nicht zuläßt. Daß dies der Sinn der Konzeption der Gegensätze ist, wird aus Fragment 9 deutlich werden.

Doch an dieser Stelle wendet sich die Göttin noch einmal ausdrücklicher an ihren Adepten, um ihm zu erklären, worauf die Enthüllung der irrigen menschlichen Ursetzung der Gegensätze hinauswill: auf eine Kosmologie. Die von ihr darzulegende »Welteinrichtung«, der Diakosmos, erhält ein Beiwort, dessen Valeurs schwer zu bestimmen sind: schicklich, 8.60-61

109 s. Calogero 29 f. Dieser Gedanke liegt noch Platons Auseinandersetzung mit dem parmenideischen Nichtsein zugrunde, Sophistes 257 c d.

passend, einleuchtend, wahrscheinlich. Ausschließen darf man die Übersetzung »scheinbar«[110]: das Prädikat enthält, zumal mit der Bekräftigung »ganz und gar«, keine Minderung, sondern empfiehlt die Welterklärung der Göttin als eine, die in allem vollkommenen Beifall verdient. Auch von der Bedeutung »wahrscheinlich« ist jeder hypothetische Sinn fernzuhalten: diese Welteinrichtung ist so richtig, als das Werdende und Vergehende, das nicht das Seiende und also die Wahrheit ist, nur sein kann. – Mit dem Schlußwort nimmt Parmenides offensichtlich die Konkurrenz mit älteren Kosmogonien auf.

Fr. 10 und 11 Wir haben hieran die Fragmente 10 und 11 angeschlossen, die als ein zweites Proömium die Anrede an den Adepten fortsetzen – der »kurze Abstand«, in dem nach Simplicius das 9. auf das 8. Fragment folgte, schließt das nicht aus.[111]

Die Ankündigung der Göttin gilt zunächst dem Kosmos im großen: Himmel, Gestirnen und Erde. Angekündigt wird jeweils ein Doppeltes: »Natur« und »Wirksamkeit«.[112] Das letztere meint die Erklärung der Vorgänge. Aber »Natur«, »Physis« – das Wort, das uns hier zum erstenmal im philosophischen Sinn begegnet – ist noch nicht ganz zum Begriff des »Wesens« entwickelt, sondern behält noch die Bedeutung des Wachsens: es heißt »Wuchs« und »Bildung« – im zweifachen Sinn. Das Wesen einer Sache wird nach archaischer Weise verstanden, indem man ihren Ursprung versteht. So wird auch im ganzen die Kosmologie in der Form der Kosmogonie vorgetragen.[113]

Fr. 9 Die Kosmogonie setzt rückgreifend wieder ein bei der »Benennung mit Licht und Nacht«. Die Benennung gilt der

110 Wilamowitz, Hermes 34, 204; s. Verdenius 51

111 Auch das 12. Fragment soll »kurz« auf das 8. gefolgt sein. Fragment 11 scheidet Deichgräber 692 A. 1 aus; Bicknell, Hermes 1968, 629, Fr. 10.

112 s. Heinimann 90 f.

113 Vgl. Verdenius 51

Totalität der Dinge (9.1 »alle«). Aber der Vielheit der Dinge und der Vielfältigkeit ihrer Benennungen trägt Parmenides Rechnung, indem er sie alle den beiden Urgegensätzen als deren jeweilige Eigenschaften oder »Vermögen« oder »Kräfte« zuordnet; womit jene die Funktion von Prinzipien oder Elementen erhalten. Weil »alles« (Plural) mit ihnen benannt ist, darum ist das »Ganze« ein »Volles« von Licht und Nacht. Ihre Gleichheit wird betont, sie ist wohl nicht nur von der Ausdehnung zu verstehen, sondern vor allem von ihrer Realität: »keines der beiden enthält ein Nichts«[114]. Damit ist ausgeschlossen, daß z. B. die Nacht das Nichtseiende ist. Man kann es zugleich verstehen als Ausschließung des Leeren, als die Begründung für die stoffliche Kontinuität des Alls; doch herrscht wiederum der logische Aspekt vor: es gibt kein Nichtsein.

Über die eigentliche Weltbildung bei Parmenides läßt sich keine ganz deutliche Vorstellung gewinnen. Das von Licht und Nacht angefüllte Volle gleicht der Vorstellung eines Chaos. Und wenn der Scholiast recht hat, so wäre dieses durch Scheidung der Gegensätze auseinandergetreten. Die geschiedenen finden sich jedenfalls dann angeordnet in der Form konzentrischer »Ringe«, wie Parmenides sie nannte. Dieses System von Ringen ist in irgendeiner Weise auf die Form des Kosmos bezogen gewesen[115], das geht aus der Kapitelüberschrift »Von der Anordnung des Kosmos« hervor, unter der Aëtius, dem großen Doxographen und Aristotelesschüler Theophrast folgend, es bringt. Gewöhnlich werden daher die »Ringe« als Hohlschalen oder Sphären vorgestellt.[116] Andrerseits ist in dem Bericht die eigentliche Kosmogonie von der Beschreibung der Ringe unterschieden. Die Beschreibung selber ist vieldeutig; ich gehe auf die sehr verschiedenen Auslegungen

Scholion

Test. 37

114 s. Mourelatos III. Anders Fränkel (1)² 181, Kranz VS, Tarán 163, Mansfeld 150ff.: »da nichts an keinem von beiden teilhat«.
115 Vgl. Fränkel (1)² 183 f. Dagegen Reinhardt 13
116 Fränkel (1)² 183 A. 1

nicht ein.[117] Sie wird noch fragwürdiger, wenn man sie neben
Fr. 12.1-8 die erhaltenen Verse des Fragments 12 stellt, aus denen wir ein so differenziertes System, wie es Theophrast zu beschreiben scheint, kaum entnehmen würden. Die Verse enthalten mit dem Sitz der Daimon offenbar den Schluß der Beschreibung; daß ihnen nichts Detailliertes im Sinne Theophrasts – kaum mehr als die Vorstellung der umeinander liegenden »Ringe« – vorausging, ist mir wegen des explikativen »Denn« am Anfang wahrscheinlich. Möglicherweise hat Parmenides nichts anderes gemeint als um eine Mitte sich schließende Feuerringe[118], die außen von nächtlichen Ringen umschlossen waren: ein vorkosmisches Schema, das den Übergang von der reinen Dualität der Gegensätze zur Kosmogonie erlaubte.[119] Über den Ort der Göttin war man schon im Altertum verschiedener Meinung – man hatte also auch nicht mehr als wir –: Simplicius suchte sie im Zentrum, während Theophrast sie dort placiert, wo Feuer und Nacht sich mischen.

Der Gedanke der Mischung beherrscht nun die ganze Kosmologie des Parmenides. Er begegnet als kosmologische Theorie hier zum erstenmal und hängt mit der Entdeckung der Gegensätze untrennbar zusammen. Tatsächlich gibt es eine Mischungslehre vor Parmenides sowenig wie eine Gegensatzlehre.[120] Sie folgt aber zwingend aus der Identitätslehre des Seienden und ihrer Anwendung auf die beiden kosmologischen Prinzipien. Denn während die Milesier noch mit einer unendlichen Wandlungsfähigkeit des Urstoffs rechnen mochten, können die Gegensätze, die einander ausschließen und nicht ineinander übergehen, die Phänomene der Vielheit und

117 s. Anm. z. Übers. S. 56

118 Die Mehrzahl ist kein entscheidender Einwand, sie bereitet die folgende Kosmogonie vor, in der sich die einzelnen Ringe losreißen und die verschiedenen Sphären bilden.

119 s. Reinhardt 13, der aber das Schema anders auffaßt.

120 s. Hölscher 14–25. Anders die gewöhnliche Auffassung.

der Veränderung nur durch Mischung hervorbringen. Es zeigt sich, daß, was bei den Nachfolgern – Empedokles, Anaxagoras, den Atomisten – als physikalisches Prinzip allgemeine Geltung erlangte, in seinem Ursprung logischer Natur war.[121] Wenn es aber noch eines Beweises bedarf, daß die Kosmologie des Parmenides keine Darstellung menschlicher Meinungen, sondern vielmehr eine sie aufhebende Erklärung war, so ist es diese Lehre von der Mischung unveränderlicher Gegensätze, die allen menschlichen Vorstellungen von Werden und Vergehen gerade zuwiderläuft.

Mit der Mischung nahm die eigentliche Kosmogonie ihren Anfang, wie denn schon in der Schilderung des Ringsystems »ein Teil des Feuers in die Nacht einschießt« (12.2). Diese Bewegung des Feuers als ein Streben nach oben sich zu denken, liegt mindestens nahe. Es dürfte dieser Teil des Feuers sein, der »in der höchsten Höhe den im Kreise herumliegenden Äther« (Test. 37) gebildet hat – was überflüssig wäre, wenn das Feuer am Anfang ohnehin die Peripherie eingenommen hat. Eine »Aufdünstung des Feuers« ist auch die Milchstraße samt Sonne und Mond. So stellt sich die ganze Kosmogonie als ein Emporschießen des Feuers dar (darum galt es in der peripatetischen Interpretation als das wirkende Prinzip[122]): Bewegung also des Feuers von innen nach außen. Noch Empedokles wird beschreiben, wie »Luft und Feuer emporflogen und den Himmel bildeten, der in der äußersten Entfernung sich im Kreise dreht«, wobei dasjenige Feuer, »das ein wenig unterhalb des Himmels geblieben war«, sich zur Sonne versammelte. Umgekehrt läßt er die Erde »in der Mitte zusammenströmen«, wo sie sich unter gewaltiger »Pressung« »gesetzt hat«[123]: auch dies nach Parmenides, bei dem

121 s. Reinhardt 74 ff.
122 VS 28 Test. 7, 23, 35
123 VS 31 Test. 49

die Erde erst »durch Herabströmen des Dichten« sich bildete (Test. 22) und durch ihre »gewaltsame Pressung« die Luft (die, wie die Erde, bei Parmenides eine Erscheinungsform der
Fr. 15 a Nacht ist) »herausblies« (Test. 37); während mit »Wasserwurzeln« die Quellen noch jetzt in die Tiefe greifen.[124]

Es muß gesagt werden, daß diese Erklärung, die davon ausgeht, daß die »engeren« Ringe des Fragments 12 wirklich die inneren sind, mit keiner der sonst versuchten Rekonstruktionen übereinstimmt. Aber ein ursprüngliches Feuer in der Mitte des Kosmos anzunehmen, ist für einen Eleaten nicht so absurd: dem die großen Vulkane als noch immer lebendige Zeugen des Inneren täglich vor den Augen standen. Ein Zentralfeuer – allerdings nicht im Erdinnern, sondern von Erde und »Gegenerde« umkreist – hat, drei Generationen nach Parmenides, Philolaos angenommen, den Aristoteles den »sogenannten Pythagoreern« zurechnet, dessen Kosmologie es aber auch sonst nicht an parmenideischen Zügen fehlt. Die Feuermitte nannte er »Herd des Alls« und »Mutter der Götter« – was die Daimon des Parmenides jedenfalls war. Ein zweites Feuer bildete die äußere Sphäre, deren obersten Kreis er, wie Parmenides, den »Olympos« nannte.[125] Dieses äußere umgebende Feuer ist gegen das ursprüngliche im Zentrum ein abgeleitetes. Äußerster und innerster Feuerkreis entsprechen aber den beiden Feuerringen Theophrasts: dem an der Peripherie und dem um die Mitte. Denn mit dem »Festen«, das nach ihm die Peripherie und die Mitte darstellt, sind schwerlich Nachtsphären gemeint[126], sondern die festen Grenzen des Alls. Das spricht dafür, auch in diesem theophrastischen Ringsystem den äuße-

124 So besser als »im Wasser wurzelnd« (VS): die schwimmende Erde des Thales paßt nicht ins Weltbild des Parmenides. Empedokles (VS 31) Fr. 54 läßt den Äther »mit langen Wurzeln in die Erde tauchen«.

125 VS 44 Test. 16. Den zweiten Teil des Berichts hält allerdings Burkert 227 für unecht.

126 Das scheint mir das Neutrum anzuzeigen.

ren Feuerring für sekundär zu halten. Die äußere Grenze, hart »wie eine Mauer«, scheint mir eine passende Metapher für die Grenze, in der »Ananke den Himmel gefesselt hat« (Fr. 10.6). – Schließlich unterschied Philolaos eine niedrere Sphäre unterhalb des »Olympos«, in der sich die Planeten, Sonne und Mond bewegen, von der sublunaren, irdischen Region des Werdens: auch dies in Übereinstimmung mit Parmenides (Test. 37).

Der Mond, der »nacht-lichte«, repräsentiert bereits, mit seinem Fr. 14
geliehenen »fremden Licht«, die irdische Sphäre der Mischung und des ewigen Wechsels: »um die Erde irrend« ist er ein Sinnbild für die »irrenden« Sterblichen (Fr. 6.5).

Denn auf die sterbliche Menschenwelt zielt von vornherein Fr. 12.3-
der Gedanke der Mischung: die »Dämonin«, die inmitten von Feuer und Nacht »alles lenkt«, bringt Mann und Weib zusammen – »Mischung« ist das griechische Wort für Paarung. Und ehe noch die Kosmogonie begann, scheint Parmenides eine Theogonie eigener Art entwickelt zu haben, in der die Deszendenz der Urgöttin dargestellt wurde. Nicht nur Eros, als der zweitälteste der Götter, verrichtet in der sterblichen Welt das Werk der Mischung der Gegensätze; auch die übrigen »Monstren«, die Cicero nennt (Test. 37): Krieg, Zwietracht, Begierde, sind Lebensmächte, und andere verbergen sich wahrscheinlich unter den weiteren Phänomenen, die er aufzählt: Krankheit, Schlaf, Vergessen und Alter.[127]

Indessen schloß diese Dämonologie eine physikalische Erklärung der Vorgänge nicht aus, beide sind vielmehr ein und dasselbe. Wenn Schlaf und Alter als ein Schwinden des Feuers, als Abkühlung verstanden werden, so sind die Mächte des Test. 46a
Schlafs und des Alters nur Wirkungsformen der Nacht, als 46b
des einen der beiden kosmischen Urgegensätze.

Wir müssen die weitere Physiologie, die von der Entstehung

127 s. Reinhardt 17

der Lebewesen bis zur Organkunde reichte, übergehen, da nur vereinzelte Details daraus überliefert sind, so über die Ge-
Fr. 17 schlechtsbestimmung des Embryos. Wieder ist die Zuordnung
und 18 der geschlechtlichen Polarität zu den kosmischen Gegensätzen zu vermerken.

Test. 46 Den Abschluß der ganzen Physik dürfte die Wahrnehmungslehre gebildet haben. Obschon gerade hier Theophrast eine genauere Theorie vermißt hat, und Parmenides sicher bei weitem nicht so ins Detail gegangen ist wie Empedokles, der auf ihm aufbaut, finden sich dessen Prinzipien schon bei ihm. Es ist vor allem das Prinzip der Mischung, und die Lehre, daß Gleiches von Gleichem wahrgenommen wird. Wie die ganze sinnliche Welt, so ist auch der Mensch aus Licht und Nacht gemischt. Das Lichte in uns nimmt das Helle, Warme, Dünne und Lichte außer uns wahr, das Nächtige in uns das Dunkle, Kalte, Feste und Schwere. Dabei werden Wahrnehmen, Erkennen, Vorstellen, Denken nicht unterschieden, sie sind Empfindung des Feuers und des Dunkels von seinesgleichen. Allerdings wird der Erkenntnis durch das Feuer der Vorrang gegeben. Warum dies geschieht, davon sogleich.

Fr. 16 Die Wahrnehmung bestimmt sich nach der Mischung, nämlich nach dem überwiegenden Teil von Licht und Nacht: »das Überwiegende[128] *ist* die Wahrnehmung« (Fr. 16.4). Man scheint den Satz wörtlich nehmen zu müssen, da nach der Auffassung des Parmenides die Beschaffenheit des Körpers »ist, was sie denkt«[129]. Die Annahme, daß mit der Beschaffenheit das Mischungsverhältnis des ganzen Körpers gemeint sei, würde zu absurden Konsequenzen führen; Parmenides spricht von der Beschaffenheit und Mischung der »Glieder«, das heißt offenbar, der einzelnen Organe.[130]

128 Die Übersetzung »das Volle« wird von Bollack 69, Deichgräber 699, Mansfeld 192 vorgezogen.
129 Vgl. Empedokles (VS 31) Fr. 110.5, Demokrit (VS 68) Fr. 9
130 Anders von Fritz (Cl. Ph. 1945) 239

Wie sich Parmenides den Vorgang der Wahrnehmung dachte, wissen wir nicht; es ist unwahrscheinlich, daß er darüber eine Emanations- und Porentheorie entwickelt hat wie Empedokles.[131] Genug, daß nach ihm »jedes Ding eine Art von Erkenntnis hat«[132]. Aber nicht unmöglich ist, daß eine Vorstellung vom Sehvorgang, die einem Hipparchos zugeschrieben wird, aber in Wahrheit wohl dem Hippasos gehört[133], auch bei Parmenides sich fand. Danach hatte er sich die Blicke als von den Augen ausgehende Lichtstrahlen gedacht, die wie Arme nach den Dingen greifen. »Greifer« wird noch Empedokles die Sinnesorgane insgesamt nennen.[134] Test. 48

Die bedeutendste Konsequenz der Wahrnehmungslehre ist, daß, so wie der Lebende Licht, Wärme und Klang wahrnimmt, auch der Tote Wahrnehmung hat, nämlich vom Kalten, vom Schweigen usw. Es bestätigt von einer anderen Seite, daß die Prädikationen der Nacht positiv gemeint sind und dieser eine gleichgewichtige Rolle neben dem Feuer verleihen.[135] Es läßt weiter die Vermutung zu, daß der Tod selber nicht nur als Privation des Lebens verstanden wird, sondern in gewisser Weise gleichbedeutend neben das Leben als dessen komplementärer Gegensatz tritt. Das Nichtsein des Todes ist die existentielle Konsequenz des kosmologischen Satzes, daß weder bei Licht noch Nacht ein Nichts ist (Fr. 9.4). Tatsächlich wurden Leben und Tod von Parmenides nicht nur in der Wahrnehmungslehre bedacht, sie spielten auch in der Kosmologie eine wichtige Rolle, wenn uns auch, durch die Einseitigkeit der Überlieferung, davon nicht mehr bekannt ist als die Bemerkung des Simpicius: daß die Göttin der Mischung, die der Ursprung der Götter sei, auch die Seelen bald aus der Test. 46 Test. zu Fr. 13

131 Theophrast de sensu (VS 31 Test. 86)
132 Auch dies wie Empedokles (VS 31) Fr. 103
133 s. Anm. z. Übers. S. 58
134 VS 31 Fr. 2.1, 3.9
135 Vgl. oben S. 105

Sichtbarkeit ins Unsichtbare (das griechische Wort sagt soviel wie »Hades«), bald umgekehrt aus dem Dunkel ans Licht sende. Nicht umsonst hieß sie die »Herrin der Lose« (Test. 37).

Es ist bemerkenswert, daß Empedokles, der in der Physik so evident der Ontologie und der Mischungslehre des Parmenides folgt, in der Seelenlehre seines zweiten, mit der Physik schwer zu vereinbarenden Gedichts der »Katharmen« gleichfalls auf parmenideischen Spuren geht, wenn er den Eintritt ins Leben, Tod und Wiedergebut der unsterblichen Seelen beschreibt.[136] Empedokleisch mutet der pessimistische Ton an, mit dem Parmenides von der »Dämonin« redet, die allenthalben »abscheuliche Geburt und Mischung« herbeiführt (Fr. 12). Es liegt nahe, wie bei Empedokles, so auch hier an die pythagoreischen Zusammenhänge zu denken, in denen Parmenides stand.[137] Auf eine eigentliche Seelenwanderungslehre des Parmenides zu schließen, geht sicher zu weit.

Fr. 16 Mit der Wahrnehmungslehre und ihrer Formulierung in Fragment 16: Wie die Mischung, so das Denken, folgt Parmenides einer aus älterer Dichtung bekannten Sentenz. Eine Odysseestelle, die schon Archilochos aufgegriffen hat, sagt, daß »die Denkweise der Erdenmenschen so ist wie der Tag, den Zeus heraufführt«[138]. Parmenides, der an die Stelle der äußeren Umstände die innere Beschaffenheit der Menschen setzt, behält doch den Tenor der alten Sentenz bei: das Bedingte und Wechselhafte menschlichen Denkens. Die Frage muß sich stellen, wie zu dieser allgemeinen menschlichen Kondition sich das Denken des Parmenides verhält, welches nicht mehr Licht und Dunkel, sondern das Seiende wahrnimmt. Daß dem Parmenides ein grundsätzlich anderes Vermögen zu Gebote stünde, dürften seine Worte ausschließen, mit denen er

136 VS 31 Fr. 115–125
137 s. oben S. 63 f.
138 Odyssee 18.136, Archilochos Fr. 68 (Diehl); vgl. Fränkel (1)² 174

die Erkenntnisfähigkeit der Menschen »bei allen und jedem« aus ihrer körperlichen Mischung erklärt. Auch wird das »Denken« des Seienden und das sinnliche »Wahrnehmen« mit demselben Wort bezeichnet. Andrerseits gibt die in Fragment 16 entwickelte Lehre nicht nur den Grund ab für die Wechselhaftigkeit menschlichen Denkens und Wahrnehmens, sondern wohl auch für die Verschiedenheit der Erkenntniskraft bei diesem und jenem.

Einen Hinweis kann Theophrasts Bemerkung geben: daß die Erkenntnis durch das Heiße die bessere und reinere sei (Test. 46). Der Erkenntnisvorrang des Feuers vor dem Dunkeln und Festen geht aus der Theorie des Sehens hervor, welches als ein in unermeßliche Fernen reichendes Augenlicht verstanden wurde[139], und demgegenüber die anderen Sinne auf viel kürzere Nähe oder unmittelbare Berührung angewiesen sind. Wenn das Sehen eine Funktion des Feuers ist, so gewiß noch mehr das Denken, das nach dem Bild des Proömiums »den wissenden Mann an alle Orte versetzt«. So dürfte auch die ganze Lichtsymbolik des Proömiums zu erklären sein: nicht aus der Identität des Lichtes mit dem Seienden[140], sondern aus seiner Fähigkeit, auch das fernste Seiende zu denken. Die Auszeichnung des Parmenides beruht also auf der besonderen Lichtnatur seiner Seele.

Hierher gehört schließlich das Fragment 4. Seine Placierung Fr. 4
im Gedicht ist umstritten.[141] Es bezeichnet als das Vermögen des Denkens eben dies: das Entfernte und Abwesende zu vergegenwärtigen. Die Verwandtschaft mit dem Sehvorgang wird ausgesprochen: Denken ist ein »Schauen«. Vom entfernten »Seienden« wird im Plural gesprochen, es handelt sich

139 s. oben S. 113
140 So Vlastos (1) 73 f., mit dessen Auffassung im übrigen die hier vertretene weitgehend übereinstimmt.
141 Verschiedene Versuche, es einzuordnen: Zeller I^7 692 A. 2, Reinhardt 49 f., Cornford 41 A. 1, Kerschensteiner 121, Kirk-Raven 275

also um die Welt der Vielheit[142], die das Denken als Einheit sieht. Statt der Trennung der Dinge erkennt es den »Zusammenhang des Seienden mit dem Seienden«: der Ausdruck bezieht sich auf die Prädikation der Kontinuität im ersten Teil (8.25). Dies Seiende findet sich nach zwei Seiten spezifiziert, in Ausbreitung und Ballung. Schwerlich enthalten diese beiden Begriffe eine Polemik gegen Anaximenes und seine Verdichtungs- und Verdünnungslehre[143]; sie bezeichnen die polaren Formen, in denen sich die Dinge als getrennte den Sinnen darstellen. Die Negation (»weder – noch«) gilt nicht ihnen, sondern der Trennung des Seienden. Gleich, ob hier das Wort »Kosmos« den Ordnungszustand bedeutet oder, konkreter, die Welteinrichtung[144]: vom »überallhin« ausgebreiteten Seienden ist jedenfalls die Rede, und nur das Seiende in seiner kosmischen Verteilung stellt dem Denken die Aufgabe, das entfernte als gegenwärtiges zu sehen. Auch der griechische Doppelausdruck »überall und ganz«, an den Schluß des ersten Fragments erinnernd, bezeichnet dort wie in anderen vorsokratischen Texten[145] die Totalität eines kosmologischen Prinzips.

Es spricht also vieles dafür, daß diese Verse sich nicht nur auf die Ontologie des ersten Teils, sondern vor allem auch auf den zweiten Teil beziehen, in dem diese ganze kosmische Verteilung – Ballung und Zerstreuung – dargestellt war.[146]

Fr. 19 Den eigentlichen Abschluß dieser Darstellung bildete das Fragment 19. Nachdem die ganze Kosmologie und Anthropologie als objektiv und faktisch entwickelt wurde, wird hier

142 So noch einmal in Fr. 19.1; s. Bollack 63, Kerschensteiner 121

143 So Reinhardt 50. Dagegen Bollack 62 und Anm. 27

144 s. Bollack 60 f. Zur Problematik des Begriffes »Kosmos«: s. Reinhardt 174, W. Kranz, Philologus 93 (1938) 430 ff., Kerschensteiner »Kosmos«, Diller in Festschrift Snell 47 ff.

145 Vgl. Anaximander (VS 12) Test. 15, Heraklit (VS 22) Fr. 41, Diogenes v. Ap. (VS 64) Fr. 5, Anaxagoras (VS 59) Fr. 12

146 Vgl. Bollack 64

daran erinnert, daß dies alles seinen Grund in dem »Dünken« der Menschen hat. Dies Dünken und Dafürhalten äußerte sich von Anfang an als ein Namengeben. Stand am Anfang die Benennung von Licht und Nacht (Fr. 9), so jetzt am Ende die Benennung der einzelnen Dinge mit »bezeichnenden Namen«. Werden und Vergehen selber gehören mit zu den »Benennungen« (Fr. 8.40). Sie stehen hier in einem dreiteiligen Ausdruck, der die archaische Formel für die Ewigkeit »es war, ist und wird sein«, für das Vergängliche abwandelt: »es wurde, und ist jetzt, und wird verenden«. In dem letzteren wird gewöhnlich ein Hinweis auf das Ende der Scheinwelt gesehen.[147] Aber das dürfte falsch sein. Das Vergehen vollzieht sich, zusammen mit dem Wachsen, »in Zukunft von jetzt an«, ist also ein beständiger Prozeß, dem die Einzeldinge unterworfen sind.[148] Ob Parmenides in diesen Prozeß, wie offenbar Anaximander, auch ein Vergehen und Wiederentstehen von Himmel und Erde einschloß, wissen wir nicht; aber auch ein solcher Untergang würde sich »nach der Meinung« der Menschen, das heißt innerhalb der Physik abspielen, nicht als metaphysisches Ereignis und als Ende des »Meinens«. Der dreiteilige Ausdruck ist vielmehr die Formel für diese Welt des »Meinens«.

Mit der Erklärung, daß die Benennung der Dinge Setzung »der Menschen« ist, kann die Rede der Göttin nicht geendet haben, sie fordert geradezu den ergänzenden Kontrast: »Du aber ...«. Als solcher bietet sich ohne Zwang das Fragment 4 Fr. 4
an, welches nach kurzem Übergang hat anschließen können: »(laß dich nicht beirren), sondern schau mit dem Geist ...«. Eine solche Schlußparänese an den Adepten hat es offenbar auch am Ende des Empedokleischen Gedichts gegeben.[149] Bei

147 Mansfeld 213
148 s. Hölscher 111, vgl. Bollack 63
149 VS 31 Fr. 110

Parmenides brächte sie eine »Rückkehr zum Anfang«, wie sie das Fragment 5 anzukündigen schien.

Es bleibt zum Schluß die Hauptfrage übrig, wie sich für Parmenides das Verhältnis seiner Kosmologie zur Seinslehre darstellte. Sie hat die Interpreten seit Aristoteles beschäftigt und bis heute keine einhellige Beantwortung gefunden. Das Problem ergibt sich aus der strikten Widerlegung des Werdens und der Vielheit, und andrerseits der dogmatischen Form der kosmologischen Lehre, die weit über eine Beschreibung menschlicher Wahnvorstellungen hinausgeht. Es enthält zugleich das weitere Problem – das aber vielleicht aus dem Bereich parmenideischen Denkens herausführt –: wie aus der irrtümlichen menschlichen Setzung eine objektive Physik und Kosmogonie werden kann, deren Produkt eben wiederum der setzende und irrende Mensch ist; und andrerseits, wie das die Gegensätze setzende menschliche Meinen im Seienden als dem allein Wirklichen begründet ist.

Eine Geschichte der Interpretationen hat hier keinen Platz. Sie läuft aber zuletzt auf die Frage hinaus, ob die Lehre des zweiten Teils in irgendeinem Sinne die Ansicht des Parmenides darstellt. Es liegt nahe, das zu verneinen; Parmenides kündigt sie an als die »Meinungen der Sterblichen« und hebt ihren trügerischen Charakter hervor. Aber für die allgemein herrschende Ansicht von der Welt kann, wenigstens im einfachen Sinne, das hier Vorgetragene nicht gelten. Es müßte schon den landläufigen Irrtum aufs System gebracht darstellen, in einem Maße, wodurch es ganz zur eigenen Schöpfung des Parmenides wurde, und zu dem Zwecke geschaffen, in der philosophischen Diskussion um die Erklärung der Welt auf dem hypothetischen Standpunkt des Scheines die relativ beste Physik ins Feld zu führen.[150]

150 So Zeller I⁷ 701, Nietzsche, Phil. in trag. Zeit. Kap. 9, Wilamowitz Hermes 31, 204 f., Owen 89

Noch entschiedener würde die Kosmologie von Parmenides abrücken, wenn man sie als Darstellung eines fremden Systems – pythagoreischen, heraklitischen, jonischen, oder eines karikierten Gemischs von allen – auffassen dürfte; auch sie geschaffen, um im Schulbetrieb, nun aber als Modell falscher Welterklärung, propädeutischen Zwecken zu dienen.[151]

Beide Auffassungen – Polemik oder Hypothese – lassen einen philosophischen Zusammenhang der beiden Teile nicht zu. Und doch ist der Zusammenhang gefordert durch die Worte der Ankündigung (1.32) »aber trotzdem sollst du auch das verstehen lernen, wie der Schein zu Ansehen kommen und alles ganz durchdringen mußte«.

Während ein Teil der Interpreten es weiterhin für verlorene Mühe hält, die beiden Teile in eine sinnvolle Beziehung zu bringen[152], mehren sich seit fünfzig Jahren die Bemühungen, diese Beziehung zu verstehen.[153] Gemeinsam ist ihnen, daß der zweite Teil nicht nur als Darstellung, sondern als Begründung des Scheines erkannt wird. Daher die Form der Kosmogonie, die Zurückführung auf Prinzipien. Es ist keineswegs nötig, in dieser Kosmogonie und Welterklärung etwas zu suchen, das in irgendeiner Form vorhandenen Ansichten von der Welt, landläufigen oder philosophischen, entspräche. Sie erklärt vielmehr, wie es zu dem menschlichen Irrtum kommt. Das »Irren« selber wird nicht im zweiten, sondern im ersten Teil beschrieben (6.4–9): es besteht in dem Glauben an Werden und Vergehen, Sein und Nichtsein, Kommen und Sichentfernen und jederlei Verwandlung (8.40); welches alles zuletzt auf die Aussage hinausläuft, daß etwas nicht ist. »Nichts ist nicht« – kein zweiter Satz wird von der Göttin ihrem Adepten so eingeprägt wie dieser: »das, sag ich dir, sollst du beher-

151 Diels (1) 63, Burnet 169 ff.

152 Raven, Pyth. und El. 41, Fränkel (1)² 190, (3) 421; dagegen v. Fritz (2) 239

153 Reinhardt 80, Riezler passim, Stenzel 54, Verdenius 48 ff., Schwabl 65

zigen!« (6.2). Der Nachweis der Unmöglichkeit des Nichtseins ist mehr als nur die ausschließende Vorbereitung auf das Seiende; er gilt, und zumal an dieser Stelle, vor allem dem menschlichen Wahn, welcher vom Denken und Sagen des Nichts voll ist (6.8).

Ursache des »Nicht«-sagens ist aber das »Benennen« von Gegensätzen. Und zwar insofern, als alles »Nennen« nun einen einzelnen der beiden Gegensätze »nennt«. »Nennen« heißt in dieser Sprache nichts anderes als: eine Aussage machen. Nun »ist« Tag, und »nicht« Nacht (8.58). In dem Sagen eines Einzelnen, welches in der Setzung der Gegensätze seinen Grund hat, besteht das Irren der Menschen (8.54).

Es scheint aber Parmenides darauf anzukommen, zu zeigen, daß in dieser Trennung des Seienden in Gegensätze kein Raum für ein Nichts ist, daß vielmehr »von Licht und Nacht alles voll ist« (9.3). Die Wiederkehr des Ausdrucks aus der Prädikation des Seienden: daß »alles voll ist von Seiendem« (8.24), kann nicht zufällig sein.[154] Aus dem ersten Teil wirkt auch die folgende Begründung (9.4) herüber: denn woher nimmt Parmenides die Gewißheit, daß weder Tag noch Nacht ein Nichts enthält, wenn nicht aus dem Beweis gegen das Nichtseiende: »Nichts ist nicht«? Wiederkehrt auch die Kugelform des Seienden in der Himmelskugel, dazu die »Notwendigkeit«, die sie in »Fesseln« hält und ihre »Grenze« bestimmt (10.6).[155] Das alles spricht dafür, daß die große Anschauung des Seienden, mit der der erste Teil endet, zuletzt doch auf die Welt zielt; daß das Seiende überhaupt eine Aussage über das Werdende bedeutet. Tatsächlich haben Aristoteles wie Theophrast die Aussage von der Ungewordenheit und Unvergänglichkeit des Seienden auf die Welt bezogen.[156] Ist diese

154 s. Schwabl 64
155 s. Stenzel 54
156 VS 28 Test. 25 und 36

Auffassung richtig, so handelt es sich bei der Entdeckung des Seins nicht um eine intelligible Substanz, sondern um die Wahrheit des Wirklichen. Nicht die Welt wird bestritten, sondern ihr Schein von Werden und Vergehen: Raum und Zeit werden nicht transzendiert, die Aussagen über Ewigkeit und Form des Seienden sind beim Wort zu nehmen. So hat Aristoteles recht und unrecht, wenn er sagt, man dürfe die eleatischen Thesen nicht im physischen Sinne verstehn, weil die Erkenntnis des Ungewordenen und Unveränderlichen nicht in die Physik, sondern in die Metaphysik gehöre: »jene Denker aber setzen voraus, daß es gar kein anderes als ein sinnliches Sein gebe, andrerseits haben sie zum erstenmal Substanzen solcher (metaphysischen) Art gedacht, wenn es überhaupt Erkenntnis und Denken geben soll, und so die von dorther entwickelten Argumente auf die Sinnendinge übertragen«.[157]
Es hat immer befremdet, daß Parmenides diese Beziehung zwischen Sein und Schein nicht ausgesprochen hat. Er läßt die Scheinwelt aus einer willkürlichen Setzung der Menschen: der Nennung der Gegensätze, hervorgehen; aber dieses Nennen scheint im Leeren zu hängen, die Setzung ist wie eine Schöpfung aus dem Nichts, die beiden Teile des Systems stehen unverbunden nebeneinander, und der Punkt, wo eins ins andere eingreift, bleibt dunkel. Und doch müßte in Parmenides nicht der Urtrieb aller Philosophie am Werk sein: die Totalität in Einem System zu erfassen, wenn er nicht die Doxa in der Lehre vom Seienden verwurzelt hätte.
Es fehlt auch nicht ganz an ausdrücklichen Beziehungen. Was mit den Namen Licht und Nacht benannt wird, ist nicht nichts, sondern »alles« (Fr. 9.1). Und am Ende des Gedichts scheint die Vielheit des Geschiedenen in der Einheit des Seienden nachträglich aufgehoben zu werden (Fr. 4). Wenn aber die hier vertretene Übersetzung richtig ist, dann hat Parme-

157 De caelo III 1, 298 b 17 (VS 28 Test. 25)

nides auch im ersten Teil den Schein in ein systematisches Verhältnis zum Seienden gesetzt, an jener Stelle, wo er nach der Deduktion des Seienden auf die sinnlichen Prädikationen von Werden und Vergehen usw. zu sprechen kommt (8.38 ff.). Denn sie sind *dem Seienden* zugesprochen. Alles menschliche Meinen ist irrige Rede vom Seienden[158], in die Irre gegangen seit der urzeitlichen Nennung der Gegensätze. Der vermißte Angelpunkt zwischen der Seinslehre und der Doxalehre dürfte in diesen Versen liegen.

Wie also schaut Parmenides auf die Welt? Als auf leeren Wahn? Die Welt ein Traum[159], das ganz und gar Nichtige? Nicht, wenn jener Satz vom Anfang weiter gilt: »Nichts *ist nicht*«[160] – er ist für den Sinn des Ganzen fast noch wichtiger, die beiden Teile übergreifender als der Gedanke des Seienden, der freilich erst seinen letzten Grund liefert. Denn mit diesem Satz wird die Unmöglichkeit des Nichtseins auch für die sinnliche Welt, in der die Gegensätze herrschen, nachgewiesen und die »Fülle« der Wirklichkeit begründet (9.3–4). Diese Wirklichkeit ist keine Halluzination, geträumt von einem selber halluzinierten Subjekt[161]; sie ist das durch »sterbliches Dünken« »benannte« und in Gegensätze getrennte Seiende. Das »Benennen« ist keine freie Setzung einer Schein- und Traumwelt, sondern ein falsches Verstehen der Wirklichkeit. Verstanden wird sie von Parmenides zunächst durch Reduktion auf die beiden Urgegensätze, die zusammen die Totalität der Welt ausmachen, aber zugleich durch ihre kontradiktorische Ausschließlichkeit den Wahn des Nicht-seins, das heißt: des Werdens und Vergehens, begründen: aus ihnen hat sich die Welt »gebildet«, sie sind ihr »gewordenes Wesen«, ihre »Physis« – denn das heißt das Wort in Fragment 10

158 s. von Fritz (2) 239
159 So Guthrie II 75 [Gut Plutarch gegen Kolotes, s. o. S. 37 Anm.]
160 s. oben S. 120
161 s. Schwabl 61

und 16. Die Gegensätze wiederum werden verstanden durch Reduktion auf ein ursprüngliches und irrtümliches Benennen des Einen Seienden mit der Zweiheit des Scheins. So führt die Frage nach der Entstehung und dem wahren Wesen, kurz: nach der »Physis« der Dinge zuletzt auf die Lehre vom Seienden. In diesem Sinne möchte auch der überlieferte Titel der Schrift zu rechtfertigen sein. Denn so verstanden, gehören ihre beiden Teile zusammen: beiden – nicht nur der Wahrheit, auch der Erklärung des Scheins – steht gegenüber die Verfallenheit an den Schein: der »Glaube« (»doxa«) an das, was unter den Menschen »Nomos«, das heißt »Brauch ist«, an Sein und Nichtsein (6.8 νενόμισται). Der Ursprung der sophistischen Antithese von »Nomos« und »Physis« dürfte in der Tat bei Parmenides liegen.[162]

Die parmenideische Seinslehre wird, wenn wir sie als Aussage über die Wirklichkeit nehmen, nicht leichter, sie wird vielmehr erst zu dem Paradox, als welches sie im Altertum empfunden wurde.[163] Um sie zu begreifen, müßte man wissen, auf welche Frage sie die Antwort war. Dazu tut man gut, Parmenides nicht so ganz, wie es Aristoteles für nötig hielt, aus der Reihe der kosmologischen Denker herauszunehmen. Werden und Vergehen der Natur war das zentrale Problem Anaximanders, es blieb das für Heraklit wie für Empedokles, der in dieser Hinsicht das parmenideische Motiv treuer bewahrt als die eleatische Schule. Dieses Motiv war kein primär logisches, sondern lag in der Erfahrung. Die griechische Reflexion der Frühzeit kreist beständig um die Phänomene des Wechsels und der Vergänglichkeit, die in diesen Jahrhunderten mit ungewöhnlicher Leidensfähigkeit erfahren wurden. Es zeichnet die philosophische Spekulation der Vorsokratiker aus, daß

162 s. Reinhardt 82 ff. Anders Heinimann

163 Aristoteles de gen. et corr. I 8, 325 a 17 (VS 28 Test. 25): »Auf die Begriffe mag das zutreffen, aber von den wirklichen Dingen so zu denken, scheint dem Wahnsinn nahzukommen«.

sie diese unmittelbare Erfahrung der Existenz nicht als menschliches, sondern als kosmologisches Problem bedacht hat. Aber auch bei Parmenides hat manches darauf hingedeutet, daß seine Kosmologie zuletzt auf Werden und Vergehen des Lebens abgesehen ist.[164]

Die Antwort, die er findet, ist radikaler als die der Jonier. Er fand sie in einer großen Anschauung des »Ganzen«, worin kein Nichtsein Platz hat. Hierfür hat er die ganze Konsequenz des reinen Denkens aufgeboten, indem er von der ersten Gewißheit, mit der wir sagen »es ist«, fortschreitet zu der letzten: des Seienden als des »ganz Unverletzlichen«. Daß ihm auf diesem Wege nicht nur jedes »ist nicht«, sondern auch jedes »ist«, das die Menschen von den Dingen sagen, unmöglich wurde; ja daß die ganze Buntheit und Bewegtheit der Welt zum menschlichen Irrtum wurde, hat er in den Kauf genommen: um keinen geringeren Preis schien es ihm erlaubt, die Unverletzlichkeit des Seienden zu bewahren.

164 s. oben S. 113 f. Vgl. Schwabl 61

Nachwort 1986

1

[zu S. 82 f.] Ich wünsche noch deutlicher zu sagen, daß die beiden Wege des Fragments 2 wirkliche Möglichkeiten des Denkens und der Aussage sind. Sie schließen – an dieser Stelle – einander nicht in dem Sinne aus, daß schon das Denken des einen den andren unmöglich machte. Denn unsre Aussagen bewegen sich bald auf dem einen, bald auf dem andern: »etwas ist« – »etwas ist nicht«. Was sie ausschließen, ist eine dritte Möglichkeit: nur in diesem Sinne ist ihre kontradiktorische Scheidung eine Exklusiv-Disjunktion (S. 83). Das Dritte, Ausgeschlossene, ist: daß etwas bald ist, bald nicht ist; daß etwas, das nichts ist, auch wieder etwas ist. Dies ist der Sinn der jeweiligen Negationen in Vers 3 und 5: »was ist, kann nicht sein« – »was nicht ist, kann nichts andres als nicht-sein«. Beide Sätze sind widerspruchslos, zu beiden steht Parmenides unbedingt. Erst danach wird der zweite Weg ausgeschlossen, und zwar nicht einfach mit dem Hinweis auf die alleinige Möglichkeit des ersten, sondern auf dem Umweg über Fragment 3: daß nur das Denkbare ist. Erst danach bleibt der erste Weg der »einzig noch übrige«; (selbst in 8.8 ist das »Unsagbare – Unerkennbare« nicht der ›Weg‹, sondern das Nicht-seiende); und erst danach kann mit der kontradiktorischen Disjunktion als mit einer Alternative operiert werden (8.16).

Von dem ersten Wege allerdings versichert die Göttin sogleich, daß er »die Bahn der Überzeugung« ist, die »mit der Wahrheit geht«. Wenn dieser Weg nicht der »einzig denkbare« ist, dann muß ›Wahrheit‹ hier etwas andres bedeuten

als nur das Gegenteil des Irrtums. Ich zögre heute nicht, dafür – im Sinn der griechischen Wortbedeutung – den Begriff der ›Unverborgenheit‹, der ›Klarheit‹ (Heitsch: »Evidenz«) einzusetzen. Denn wenn der zweite Weg, weil er ein Nichtseiendes sagt, völlig »ohne Kunde« und Erfahrung bleibt (2.7), ist der erste, indem er ein Seiendes sagt, ein aufschließender, er ist ›Erschlossenheit‹, ›Offenbarkeit‹, ›Ent-deckung‹. Verdeckt ist das Seiende durch die »Benennungen« der Dinge, die die Menschen für »wahr«, d.h. erschließend halten (8.39). Durchaus ›nichts erschließend‹ ist aber der zweite Weg, weil er »nichts erkennt, nichts benennt« (8.17).
Dieser Sinn von »Wahrheit« und »wahr« hält sich durch alle Stellen des parmenideischen Textes (außer den genannten: 1.29, 1.30, 2.4, 8.51). Es ist ein Begriff der Erkenntnis, nicht des Seins. Es wäre jedoch irreführend, festzustellen, daß darin zweierlei Bedeutung von ›offenbar‹ (›evident‹) zusammenkommen: die Evidenz von Sätzen und die von Gegenständen. Dies sei in einem zweiten Nachtrag erläutert.

II

[zu Seite 79] Die Einheit der Bedeutung von »Wahrheit« als ›Unverborgenheit‹ beruht auf der Einheit der Bedeutung von ›sein‹. Denn diese hat in dem frühgriechischen Denken noch nicht die ›kategoriale‹ Analyse erfahren, in der Aristoteles das ontologische »ist« als das Zusagen und Aussagen (κατηγορεῖν) eines τὶ κατά τινος (»etwas von etwas«) bestimmt. Das heißt, sie ist noch nicht in die Zwiefalt zwischen Subjekt und Prädikat geraten. Noch Aristoteles kann sich fragen, ob das »Seiende« in »ist« die »Substanz« oder ihre Bestimmung (das ›Subjekt‹ oder das ›Prädikat‹) ist: den Schritt zur ›Kopula‹ hat auch er noch nicht getan. Vollends bei seinen Vorgängern (Platon, Protagoras) verbindet sich der Begriff des ›Seienden‹ durchaus mit den ›Wesenheiten‹ (εἴδη, χρήματα) und gilt, wie bei Aristoteles, vornehmlich – in unsrer Sprache gesprochen – von den ›Prädikaten‹. Das heißt, zwischen Gegenständen und ›Attributen‹ besteht kein Rangunterschied, sie sind gleichermaßen Substanzen. Darum ist das parmenideische »ist« kein prädizierendes, sondern ein *einfaches* ›sein‹: das Sagen eines »Seienden«. (Siehe Verf., Der Sinn von Sein . . ., Nachtrag zur Bibliographie.)

Demnach kann es für Parmenides auch keinen Unterschied zwischen der »Wahrheit« von Sätzen und der Erschlossenheit des Seienden geben. Sätze sagen das Sein einer Sache – der Begriff der »Sachverhalte« ist durchaus fernzuhalten.

III

[zu S. 99 und 120–122] Daß es sich in Fragment 8.38 um die Benennung des *Seienden* mit den »Namen« handelt, hängt an der hier (nach Woodbury S. 149) vertretenen Lesung ὀνόμασται. Sie wird entschieden nahegelegt durch Fr. 8.53 und 9.1. Die »Namen« allerdings wären, anders als dort, hier verbale Ausdrücke, nämlich »Werden und Vergehen, Sein und Nichtsein, den Ort wechseln und die Farbe verändern«. Tatsächlich ist im Griechischen der Gebrauch von ὀνομάζειν, »etwas benennen«, mit dem Verbalinfinitiv möglich (Platon Theätet 160 b 8/9). Dennoch befremdet es, daß die »Benennungen« hier nicht die realen Formen und Substanzen – »Feuer« und »Nacht« (8.53 ff.) und die ihren »Kräften« je zugehörigen Bezeichnungen sämtlicher Dinge (9.2) – sein sollen, sondern Vorgänge. Dazu kommt, daß die Formulierung »alles das, was die Menschen gesetzt haben,« an mehr denken läßt als die drei Begriffspaare »Werden und Vergehen« etc.: es scheint vielmehr gleichfalls auf die Vielheit, ja Totalität der dinglichen Bezeichnungen zu zielen, die auch in Fr. 9.2 gemeint sind, die Namen »für dies und das«.

Die Aussage des Fr. 8.38 ff. läßt sich jedoch mit den beiden anderen Stellen in Kongruenz halten, wenn »alles, was« (ὅσσα) nicht als proleptisches Pronomen für die folgenden Infinitive genommen wird, sondern eben als die zahlreichen »Namen« der Dinge, die »die Sterblichen gesetzt haben, vertrauend daß sie wahr seien«. (So in der fast wörtlichen Wiederholung bei Melissos, Fr. 8.2!) Damit reihen sich, zwangloser als in den üblichen Übersetzungen, die Infinitive »und werden und vergehen« etc. als die Prädikationen jener Setzungen des menschlichen Meinens an. Als Prädikationen entsprechen sie völlig den Prädikaten des Seienden »ungeworden und unvergänglich« etc.

Das viermalige Insistieren auf dem Vorgang des »Benennens« – denn zu den drei Stellen kommt noch Fr. 19.3 hinzu –, zusammen mit dem Begriff der menschlichen »Setzungen«, zeigt an, daß es sich für Parmenides um einen zentralen Gedanken handelt. Es ist ein weitaus grundlegenderer Gedanke als die spätere Reflexion über die »Richtigkeit der Wörter«, wie sie im platonischen ›Kratylos‹ sich spiegelt; es ist die Behauptung von der Konstituierung der Welt durch die Sprache. Denn es ist nicht ein Gegebenes, zu dem die »Namen« als angemessene oder unangemessene hinzutreten, die Dinge *sind* allererst und nur durch Benennung und als benannte. Diese Ursprungsperspektive auf das Sprachliche ist es, die in der so befremdlichen, gleichsam urzeitlichen Stimmabgabe und »Setzung« der Menschen, die einer Kosmogonie gleichkommt, ausgedrückt ist.

Dieser parmenideische Gedanke ist – trotz der immensen Wirkung der Seinslehre, über Platon, auf die abendländische

Metaphysik – in der ganzen antiken Philosophie ohne Folge und Wirkung geblieben. Die Linie andrerseits, die von hier aus zu der heutigen transzendentalen analytischen Sprachphilosophie (ihr selber unbewußt) führt, ist offenbar.
Das heißt aber, daß hier, vor Platon, Platon ›überholt‹ wurde. Denn Platons Fortschritt über Parmenides hinaus liegt nicht zuerst in der Wiedereinsetzung des Nicht-seienden in sein ontologisches Recht; er besteht vielmehr in der Zurücknahme des sprachlichen Charakters der Dinge und deren ontologischer Hypostasierung. Platons Metaphysik der Ideen gründet in allen wesentlichen Zügen in der parmenideischen ›Doxa‹: in der Vielheit der ›Formen‹, ihrer Selbstidentität und Differenz, im ›Anders-sein‹ (8.58) und daraus folgend: der Notwendigkeit des Nicht-seins. Ja selbst die Aufhebung des Werdens wurzelt, mehr als in Parmenides' Seinslehre, in dessen Theorie des Werdenden (worin Parmenides das Werden durch die Mischung ersetzte, Platon durch die »Verknüpfung« der Ideen). Ausgenommen bleibt lediglich die Theorie der »Benennung«, die ihren Prinzipiencharakter verliert und als geschichtliche »Konvention« wiederkehrt.
Daß das ›sein‹ selber von Parmenides nicht – entsprechend seiner Theorie – als ein der Sprachlichkeit mitverfallendes reflektiert wird, ist ein anderer Punkt.

Bibliographie

Bollack, Jean, Sur deux fragments de Parménide (4 et 16), Revue des études Grecques 70 (1957) 56 ff.

Bowra, Cecil Maurice, The Proem of Parmenides, Classical Philology 32 (1937) 97 ff.

Burkert, Walter, Weisheit und Wissenschaft, Studien zu Pythagoras, Philolaos und Platon, Nürnberg 1962.

Burnet, John, Die Anfänge der griechischen Philosophie, aus dem Englischen übersetzt von Else Schenkel.

Calogero, Guido, Studi sul Eleatismo, Rom 1932.

Cornford, Francis M., Plato and Parmenides – Parmenides' Way of Truth and Plato's Parmenides translated with an introduction and a running commentary, London [1]1939, [4]1958.

Coxon, A. H., (1), The Philosophy of Parmenides, The Classical Quarterly 28 (1934) S. 134 ff.

– (2), The Text of Parmenides, fr. 1.3, The Classical Quarterly, N. S. 18 (1968) S. 69.

Deichgräber, Karl, Parmenides' Auffahrt zur Göttin des Rechts, Akademie der Wiss. u. d. Lit. in Mainz 1958, 633 ff.

Diels, Hermann, (1), Parmenides, Lehrgedicht – griechisch und deutsch, Berlin 1897.

– (VS), Die Fragmente der Vorsokratiker, Band I–III, 5.–10. Aufl., hrsg. von Walther Kranz, Berlin 1934–1958.

Fränkel, Hermann, (1)[1], Parmenidesstudien, Nachrichten Ges. Wiss. Göttingen, Phil.-hist. Kl. 1930, 153 ff.

– (1)[2], Parmenidesstudien in: Wege und Formen frühgriechischen Denkens – Literarische und philosophiegeschichtliche Studien 157 ff., München 1955.

– (2), Rezension: Verdenius, Parmenides ... Classical Philology 41, 1946, 168–171.

– (3), Dichtung und Philosophie des frühen Griechentums, 2. Aufl., München 1962.

Fritz, Kurt von, (1), Rezension: Calogero, Studi sull'Eleatismo, Gnomon 14 (1938) 91 ff.

– (2), Νοῦς, νοεῖν and their derivatives in Pre-Socratic philosophy, Part I: From the beginnings to Parmenides, Classical Philology 40 (1945) 236 ff.

Gadamer, Hans-Georg, (1), Retraktationen zum Lehrgedicht des Parmenides, in: Varia Variorum, Festgabe für Karl Reinhardt S. 58 ff., Münster–Köln 1952.
– (2), Philosophisches Lesebuch, Frankfurt 1965.
Gigon, Olof, Der Ursprung der griechischen Philosophie, Von Hesiod bis Parmenides, Basel/Stuttgart [1]1945, [2]1968.
Guthrie, W. K. G., A History of Greek Philosophy, Bd. II 1 ff., Cambridge 1965.
Heinimann, Felix, Nomos und Physis – Herkunft und Bedeutung einer Antithese im griechischen Denken des 5. Jahrhunderts, Basel 1945.
Hölscher, Uvo, Anfängliches Fragen – Studien zur frühen griechischen Philosophie, Göttingen 1968.
Jaeger, Werner, Die Theologie der frühen griechischen Denker, Stuttgart 1953, Darmstadt 1964.
Kerschensteiner, Jula, Kosmos – Quellenkritische Untersuchungen zu den Vorsokratikern, Zetemata 30, 1962.
Kirk, G. S. and Raven, J. E., The Presocratic Philosophers, A critical history with a selection of texts, Cambridge 1962.
Kirk, G. S. and Stokes, M. C., Parmenides' Refutation of Motion, Phronesis 5 (1960) 1 ff.
Kranz, Walther, Über Aufbau und Bedeutung des Parmenideischen Gedichtes, Sitz.ber. Preuss. Ak. Wiss. 1916, 1158 ff.
Loenen, J. H. M. M., Parmenides, Melissus, Gorgias – A Reinterpretation of Eleatic Philosophy, Assen 1959.
Long, Anthony, The Principles of Parmenides' Cosmogony, Phronesis 8 (1963) 90 ff.
Mansfeld, Jaap, Die Offenbarung des Parmenides und die menschliche Welt, Assen 1964.
Mourelatos, Alexander, The Route of Parmenides – A Study of Word, Image and Argument in the Fragments. (Wird demnächst erscheinen. Zitate nach Kapiteln des Manuskripts.)
Müller, C. W., Gleiches zu Gleichem, Wiesbaden 1965.
Owen, G. E. L., Eleatic Questions, Classical Quarterly 54 (1960) 84 ff.
Patin, Alois, Parmenides im Kampfe gegen Heraklit, Leipzig 1899.
Reinhardt, Karl, Parmenides und die Geschichte der griechischen Philosophie, Bonn 1916, Frankfurt a. M. 1959.
Riezler, Kurt, Parmenides, Frankfurt 1934.

Schwabl, Hans, (1), Sein und Doxa bei Parmenides, Wiener Studien 66 (1953) 50 ff.
– (2), Parmenides (Forschungsbericht 1939–1955), Anzeiger f. d. Alt. Wiss. 1956.
Schottlaender, Rudolf, Drei vorsokratische Topoi, Hermes 62 (1927) 435 ff.
Snell, Bruno, παρίστᾱται? Glotta 37 (1958) 316; auch in: Gesammelte Schriften, Göttingen 1966, S. 157.
Stenzel, Julius, Metaphysik des Altertums (Handbuch der Philosophie), München und Berlin 1931.
Tarán, Leonardo, Parmenides, A text with translation, commentary and critical essays, Princeton 1965.
Untersteiner, Mario, Parmenide – Testimonianze e Frammenti (Introduzione, Traduzione e Commento), Bibl. di Studi Superiori, Florenz 1958.
Verdenius, Willem Jacob, (1), Parmenides – Some Comments on his Poem, Groningen 1942.
– (2), Notes on the Presocratics, Mnemosyne 3, 13 (1947) 284 ff.
Vlastos, Gregory, Parmenides' Theory of Knowledge. Transactions of the Amer. Phil. Ass. 77 (1946) 66 ff.
Wilamowitz-Moellendorf, Ulrich von, Lesefrüchte, Hermes 34 (1899) 202 ff.
Woodbury, Leonard, Parmenides on Names, Harvard Studies in Class. Phil. 63 (1958) 145 ff.
Zeller, Eduard, Die Philosophie der Griechen in ihrer geschichtlichen Entwicklung, I. Teil, 1. Hälfte, siebente Auflage, hrsg. von Wilhelm Nestle, Leipzig 1923.
– (2), La Filosofia dei Greci nel suo sviluppo storico, trad. da Rodolfo Mondolfo, Vol. I 4, Mailand 1946.
[Seit 1969:]
Mourelatos, Alexander, (s. ob. Titel) New Haven/London 1970.
Heitsch, Ernst, Parmenides – Die Anfänge der Ontologie, Logik und Naturwissenschaft, Die Fragmente, hrg., übers. u. erl., München 1974.
Bormann, Karl, Parmenides – Untersuchungen zu den Fragmenten, Hamburg 1971.
Hölscher, Uvo, Der Sinn von ›sein‹ in der älteren griechischen Philosophie, Sitz.ber. Heidelb. Ak. d. Wiss. 1976.3, Heidelberg 1976.
Mansfeld, Jaap, Die Vorsokratiker, griech./deutsch, Stuttgart 1983.